© 2021, Christian Hofmann
Herstellung und Verlag:
BoD – Books on Demand, Norderstedt
ISBN: 9783755770176

UNVERSTANDEN

Zwischen Schmerz und Trauerleid

Autobiografie

Christian Hofmann

NAM VICTORIA IN TENEBRIS

FÜR DEN SIEG ÜBER DIE DUNKELHEIT

KAPITEL 1 – UNVERSTANDEN   5

KAPITEL 2 – DEPRESSIONSPOESIE   89

KAPITEL 3 – DICHTER, DENKER, AUTOR   128

KAPITEL 1

UNVERSTANDEN

UNVERSTANDEN

Was gibt's Schlimmeres im Leben,
als zu leiden und unverstanden zu sein?
Nur leben zu können in den eigenen Träumen,
zumindest aber dort, doch es schmerzt ungemein -
Niemals verstanden worden zu sein!

Meine Nachdenklichkeit -
Diese Tiefgründigkeit,
welche in mir vorhanden ist, sie
ist furchtbar schmerzend, ätzend!
Erdrückend teilweise, weil da niemand
mit Verständnis für meine Seele -
Mein Empfinden ist!

Die Menschen werden getrieben!
Beeinflusst!
Funktional gesteuert!
Ich lebe anders!
Mit dem Geist befreit selbst
zu denken, zu entscheiden!
Es scheint mir aber so unbezahlbar
teuer!

Wenn ich mir am Tag, nicht selbst
Lichtblicke verschaffe,
Momente ebne die mir gute Gefühle
bereiten, dann wäre es ein noch härteres
und qualvolleres Leiden!

Bei allen Jobs, die ich schon
hatte und ausübte, die mir nur
nützlich sind um den Kopf über
Wasser zu halten -
Vermitteln sie mir stetig das Gefühl,
ein jeder dieser Tage ist verschenkt!
Doch dies ist keiner, weil ich an jedem
einen Text verfasse -
Wenn mein Kopf dies auch nicht
mitbedenkt!

35 Jahre nur Jobs ausgeführt
Keine leidenschaftliche Berufung!
Diese ist nur im Schreiben meiner Texte,
aber ich bekomme keine angemessene Einstufung!

EINFACH ZEIT

Gebt mir einfach Zeit für mich
Kreativ will und muss ich leben -
Viel mehr, verdammt!
Viel mehr brauche ich nicht!

Ich brauche keine Preise
Keine Goldpokale, nichts für Regale!
Für keine Vitrinen oder Wände!
Nur Zeit für mich! Bis hinzu meinem
Lebensende!

Ich brauche nicht viel Geld!
Ich will nur leben und sein!
Keiner der seines Jobes,
Überforderung des Weges fällt!

Ich will meine RUHE!
Will in meiner Zeit, meine Farben leben
Ich muss nicht kleingehalten werden,
mein Reichtum ist in mir, mit diesem
werde ich auch sterben!

Alles was ich brauche,
habe, trage, fühle ich in mir!
Ihr könnt nehmen was ihr tragen könnt!
Mein ICH, dies bekommt ihr nie!

Es ist meine Art zu existieren,
zu leben und zu sein!
Dies werdet ihr niemals verstehen!
Ich hab Herz mit Vollblut und ihr -
Ihr habt eins aus Holz oder Stein!

SCHATTEN

Getragen von Träumen,
doch begrenzt von Räumen
Gedanken die entstehen,
die leider aber auch wieder vergehen

Gefühle die sich entfalten,
um sie lediglich auf Papier festzuhalten
Sonnenschein und Lichtmomente,
finden wieder zu ihrem Ende!

Traurig! so traurig schön,
ist es doch anzusehen!
Wie Träume wachsen, blühen -
Und im Schatten dann vergehen!

Diese innerliche euphorische Explosion
Der Funken und dann,
wieder die ernüchternde, trostlose,
gnadenlose Exekution -
Sterbendes Licht!
Depression!

Angst und Zweifel, die alle
Hoffnung und alle Freude und
alle Träume zunichtemachen -
Die alles im Feuer zu Asche
werden lassen!

2TSD2UNDZWANZ-ICH

Ich bleibe derselbe Mensch -
Mit meinen Fehlern,
mit den Fasern meiner Blutbahn

Ich betrete aber,
mit frischem Geist neue Wege -
Denn auf den alten,
war ich festgefahren

Neuer Abschnitt -
So besagt es die Regel
Mit neuem Aufschwung, so
trete ich zum Aufbruch
dem neuen Jahr entgegen

Ich habe lange genug in
Asche, Schutt und Dreck gelegen
Wie hart es auch noch wird, ich
werde nach vorne in die Sonne treten

Ich war im Flug -
Mit Mut und auch Zuversicht,
doch ich bin hart gefallen!
Abgeschüttelt! Zurück ins Licht!

Alte Ziele sie sind, nach wie
vor dieselben geblieben!
Neue Wege -
Zeit nun Spuren zu ziehen

Ich habe nicht umsonst,
all die Zeit geblutet!
Ich habe nicht umsonst geblutet!
Nicht umsonst gelitten!

Ich ging all meine Wege,
die leichten und auch all die
schweren Schritte!

Gelebt und gelernt
Versagt und bezahlt!
Hatte mehr Tränen im Herzen,
als die Sonne strahlt!

Wenn etwas zu nichts führt,
so führt es aber zur Erkenntnis,
Erfahrung, um des nächsten Nichts,
vorher zu früherer Zeit zu erkennen

Jung, dumm und naiv
So springt man ins Feuer rein!
Alt-gereift, bedenkt man im
Vorhinein; "Wie heiß wird das
Feuer sein"!?

Auf ins NEUE -
2Tsd2undzwanz-ICH
Zwischen Abgrund und den Sternen,
da existiere ICH!

TRÄNEN GESOFFEN!

Diese Welt hat genug Tränen gesoffen!
Ich habe bewusst -
Derb und provokant, gesellschaftskritisch
meiner Texte Worte gesprochen!

Doch Hass und Wut -
Nur lediglich das Feuer schürt
Die Kinder dieser Welt, unsere Kinder -
Sie haben eine, ihre Zukunft verdient

Drum bleiben meine Zeilen stehen,
sind standhaft in Reimen und immer noch
dieselben Ziele! Doch ich schreibe
nun im Frieden!
Für unserer Kinder Willen!
Weil wir für sie leben, weil wir sie
lieben!

Zeit für eine bessere Gesellschaft!
Für einen gesunden Umgang im
MITEINANDER - hier bei dieser
Menschheit

Es wird Zeit -
Es ist Zeit!
Gehen wir die Wege doch gemeinsam,
machen wir uns nun bereit!

Zeit für Heilung, es ist Zeit
zum Vereinen -
Anstatt weiterer
Spaltung und Teilung!

Der Frieden ist doch da!
Er lebt ins uns!
Unsere Chance -
Dies ist die Kunst!

Sozialverhalten, es nicht
nur predigen -
Nicht in den Schulen bewerten!
Nein! Fördern, helfen!
Es vor-leben!
Und wirklich "MENSCHSEIN" werden!

In Gottes Namen,
macht Frieden! Amen!

EIN NEUER MOMENT

Welche Gedanken - soll, darf
und will ich mir denn mal machen?
Meine Stimme, der Geist sagt;
"Geh auf Reisen", doch der Körper sitzt
und will, soll, muss verweilen!

So lasse ich all meine Gedanken frei -
ziehen, sie kreisen, sie sich so entfalten
Gedanken vermischen sich mit Gefühlen,
Gemälde entstehen, die mich inspirieren -
Diese mir einen neuen Moment im Augenblick
der Zeit kreieren - wie kann, soll, will ich
diesen Rausch nur definieren!?

Ich möchte mit den Gedanken schlafen!
Mit diesen Gedanken träumen!
Diese Gedanken alle teilen!
Mit den Gedanken leben, lieben, weinen -
Für eine unbestimmte Zeit lang, in diesen
Gedanken allzu gerne bleiben!

Gedanken, surreal?
So tiefgehend und nah!?
Alle sind sie so mächtig,
aber nicht zum Ergreifen da!

Gedanken sind Illusionen, sind
lediglich nur Stimmen im Kopf!?
Verwickelt in innerlichen Diskussionen,
Bilder, Zeichnungen geistiger Stationen!?

Sag mir wieso, warum
und auch ob, sich Gedanken
denn immer, auch jetzt und hier
denn lohnen!?

Ein Gedanke schafft eventuell einen
neuen Moment, wenn ein anderer endet
Gedanken kommen und gehen, sie sind endlos
verstrickt, aneinandergereiht, nie endend!

GEDANKENSCHRANKE

Momentan in diesem Augenblick,
regnen so viele Gedanken mir durchs Gemüt
Gedanken über Gedanken -
Sie stocken an der Gedankenschranke!

Gedanken auf am Schaffensplatz:
"Mir ist alles zu viel"!
Gedanken von:
"Ich verliere jedes Gefühl"!

Schwindel und Ohnmacht
Schmerz, Kummer und Trauer
Nix aus meinem Leben gemacht!
Leidvolle Zeit von langer Dauer!

Wo geht es noch für mich hin?
Wohin nicht mehr zurück?
Ich verliere mich, zerfalle -
Gedanklich Stück für Stück!

Alle Gedanken sickern durch
alle Löcher, auch die noch so kleinen!
Gedanken regnen doch stauen sich
an der Gedankenschranke!

Leben das fließt, Leben vergeht
Ein grausamer Moment den ich erleb'
Ich werde getragen von Traum, Hoffnung
und Vision! Doch ich erleide Qual, Horror
von Station zu Station!

Ich versinke in Gedanken
Ich falle so tief!
Ich bin hier und doch auch,
woanders - dort!

Ich befinde mich hier,
aber seelisch -
und gedanklich doch, an einem
ganz anderen - Ort!

GLAUBENSZEICHEN

Ich sitze hier wieder mal
an einem Sonntagabend da
Doch der Kopf versunken in
Montagsgedanken, wie auch anders? Klar!

Wieder eine neue Woche die beginnt
Angespannt, erschöpft und ermüdet!
Ich weiß heute schon, dass die Woche mir
nichts Erfreuliches groß bringt!

Es ist lange schon an der Zeit,
die Segel zu streichen!
Meine Sachen zu packen, in
diesen beschissenen Zeiten!

Ich vertraue mich dem Herrn an!
Mit dem Kreuz als Glaubenszeichen!
Wie hart es noch kommen mag -
Ich lass den Glauben nicht mehr von
meiner Seite weichen!

Diese Tage sie sind hart!
Das Befinden im totalen Unwohlsein!
Felsen auf dem Herzen, die Seele
begraben unter manchem schweren Stein!

Wohin führt mich noch mein Weg?
Ich weiß wirklich nicht, wie lange
ich noch durchhalte und wie lange
es noch so weitergeht!

Ich vertraue auf dich Gott!
Mein Herr, nur du weißt um die Last,
welche ich trage - Sie wird zum Tragen
mir allmählich zu schwer!

Ich bitte um deine Gnade!
Um seelische Befreiung,
größere Wünsche, ich in mir
gerade derzeit nicht trage!

Mal wieder ein wenig Lebensfreude
über Kleinigkeiten!
Bisschen Gutes in der Welt,
mal etwas bessere Neuigkeiten!

Ich möchte auch von ganzem Herzen
diese Zeilen hier verkünden
Es wird Zeit, in diesen dunklen Zeiten
endlich Lichter anzuzünden!

ARSCH!

Ich würde gerne fliehen
In die weite Fremde ziehen!
Dahin wo kein Arsch mich kennt!
Wo jeder mich in Ruhe lässt!

Ich kann nicht mehr!
Täglich aufs Neue, es fällt schwer!
Ich will dort sein, wo kein Arsch
mich kennt!
An diesem Gedanken halte ich fest!

So viel steht aber auf dem Spiel!
Verloren, so ich mich lange fühl'
Dort wo kein Arsch mich kennt, wo man
mich in Ruhe lässt, so erträglicher
es für mich doch ist!

Positive und negative Gedanken,
sie fallen mir derzeit so unfassbar schwer!
Mein Gefühl von Trauer getragen,
Schmerz, Tod, Leid - der Tag so leer!

Ich gehe einen Schritt voran,
doch falle 1000 Schritte zurück!
Ich will, ich möchte, doch -
die Kraft fehlt für jedes weitere Stück!

HINAUF

Bis zur Erschöpfung, bis
zum Erbrechen
Bis ans Äußerste gehen, es war
an mich selbst das Versprechen!
Einmal durch die grauen Wolken
Einmal durch die ganze Hölle!
Ringen um das Leben -
Um des Platzes Stelle!

Das ist wertvoll -
Hochgreifend zum Licht
AUTOBIOGRAFISCH
Alles wie es war,
auch so verfasst
LITERARISCH!

Des Weges weiterlaufen
Auf die Fresse fallen!
Aufstehen - weiter zum Ziel
Lass die Korken knallen!
Abgekommen vom Weg
Zurück auf die Strecke!
Mut und Kraft liegen in dir
Findest du nicht an jeder Ecke!
Rauf! Hinauf auf die Leiter,
es folgt der Fall in den Dreck!
Liegen bleiben erscheint leicht,
erfüllt aber keinerlei Zweck!

ERINNERUNG AN MARBURG

Wenn ich so durch die Straßen fahr,
dann erinnere ich mich, was mal so war
Die Schulstraße, das Gebäude steht noch da
Mein erster Bühnenauftritt im "alten KFZ"
im schönen Marburg an der Lahn!

Der erste Bühnenauftritt, ein Sonntag
der ~254. Marburger Abend~
"Offene Bühne, freier Eintritt"
2015, November im Jahr!

Gut 6 Jahre liegen nun zurück
Erinnerung an diesen Augenblick
Von der Schulstraße damals, nun ins
~Erwin-Piscator-Haus~ in der Biegenstraße

Ein gutes Gefühl, das mich überkommt
Die Zeit vergeht, wenn der Stein erst rollt
Nun 6 Jahre später, Buchreihe verfasst
Einige Bühnen betreten, bei manchen selbst
mitgemacht

Nun der Plan fürs neue Jahr
Eigene Bühne in Marburg -
Dieser Traum ist schon so lange da
Worauf warten? Nu mach die Träume wahr!

IN DIE TONNE GETRETEN!
(ENTGEGEN DER ZEIT)

Texte verfasst, Bühnen betreten
Bücher geschrieben, selbst bestellt
~ENTGEGEN DER ZEIT~
Habe sie in die Tonne getreten!

Bei allem was ich beginne
Ich beende und zerstöre!
Was ist der Grund, was geschieht?
Bin ich einfach nur gestört!?

Ich kann seit langer Zeit schon
nicht mehr lachen, mich freuen!
Trauer und Schmerz überwiegt!
Zweifel, Verstörung und Bereuen!

Was ist mit mir los?
Was ist geschehen, war ich immer so?
Ich wünschte ich könnte die Depression
ausschalten und runterspülen mit
Hochleistung im Klo!

Ich habe meine Bücher bestellt
Habe diese in die Tonne getreten!
Mein Blick sucht nach Sonne, denn
mein Leben ist nichts als Regen!

An manchen Tagen finde ich,
wie so oft keinen Ausweg, kein
-AUS ALLEM RAUS!-
Mein Leben ist und bleibt -
Chaos im ewigen Stau!

KINDERSEELE

Getragen von Kummer und
von Traurigkeit
Gehe all die Schritte
meiner Wege weit

Für wen oder was, ertrage
und erleide ich denn das!?

Schmerz und Trauer sind so,
so tief in mir niedergelegt!
Wüsste gern, wenn ein anderer dies hätte,
ob er noch erträgt, so wie ich - noch lebt!

Dieser Kummer, dieser Schmerz
Wo kommt er her?
Ich weiß nur seit der Kindheit und
er haftet so schwer und sehr!

Anstatt Motivation und
Selbstvertrauen -
Erfuhr ich lediglich nur negative
Bewertungen, ich wurde beleidigt,
gemobbt, ausgegrenzt, verhauen!

Kleine Kinderseele, die du
gelitten und ertragen hast
Du trägst durchs Leben schon so
lange, all deine schwere Last!

Es geht nicht so einfach, dies alles
so leicht zu vergessen lassen!
Denn Narben haben diese Momente, für
immer meines Lebens hinterlassen!

Du kleine, so kindliche Seele
Gebrannt hast du schon so früh!
Im Feuer des Schmerzes, des Leides
Es ist nicht zu verdrängen, wie sehr
ich mich auch darum bemüh'!

SEI GLÜCKLICH!

Das Ding ist;
Alle sagen;
"Jeder ist anders, dies sei
auch gut so"!
"Sei wie du bist, sei glücklich"!
"Bleib wie du bist"!

Aber tust du -
Machst du -
und lebst du -
So wie du wirklich bist,
dann kommt von allen Seiten
"Das geht nicht"!

"Du musst aber dings, du musst
aber bums"!
"Musst dieses, musst jenes"!

So viel also zu:
SEI DU UND SEI GLÜCKLICH!

SONNENAUFGANG

Ein neuer Sonnenaufgang
Denn auch ein Dauerregen,
er hält niemals für ewig an!

Wolken verziehen,
der klare Himmel zeigt sich
Aus dem Schatten scheint
strahlend hell sein Licht!

In die Dunkelheit -
In sie fällt Licht hinein
Ich möchte spazieren durch
rosige Zeiten, entlang der
Blumenfelder möchte ich geiten!

Der Himmel soll blau sein
und er soll es gut mit mir meinen
Keine graue Wolke bleibt ewig stehen,
Licht wird scheinen, ich werde wieder sehen

Ein neuer Sonnenaufgang
Ein neuer Sonnenaufgang -
Denn auch ein Dauerregen
NEIN! Er hält niemals für ewig an!

HERZ UND SEELE BRICHT

Kann es denn möglich sein?
Ist es denn die Realität?
Sind alle Wege denn benannt?
Bin ich einfach schon zu spät?

Da draußen gibt's so viel!
Aber nichts was meines ist!
Muss ich mich damit begnügen?
Mein Leben, es sich am Kummer sattfrisst!

Keine Wege, keine Türen!?
Keine Richtung, kein Gang!?
Wie viel Schmerz kann ein Mensch
denn spüren?
Wie lange es alles denn ertragen,
ein Leben lang!?

Türen knallen, Gedanken stolpern!
Herz und Seele bricht!
In Trauer und in Traurigkeit,
mein Gefühl so spricht!

Tagein, geht immer mehr rein!
Tagaus, halte ich es immer weniger aus!
Ich kann nicht mehr, bin am Ende!
Verdammt! Ich will hier raus!

VOM RETTUNGSTURM

Ich sitze wieder mal am Tresen
Mein Blick ins Glas!
Dachte meine Tränen wären in
des edlen Tropfens doch gewesen!

Sonntagabend wieder mal -
Die Ruhe vor dem Sturm!
Wellenflut sie bricht, ich halte
Aussicht vom Rettungsturm!
Tage gehen weg wie Seife!
Wieder mal gedanklich fest in der Schleife
Keine Veränderung weit und breit!
Herz und Seele die vor Kummer schreien!

Wie sehr ich mich auch,
so stets bemüh' -
Außer Traurigkeit und Leblosigkeit
ist da nix was ich spür' und fühl'!
Mein ganzes Leben schon
dahingeschwommen!
Alles längst am Ende!
Doch nie richtig begonnen!

So schreibe ich mir wieder mal
Kummer von der Seele -
So kann's doch nicht bleiben kein
Land, das ich mehr sehe!

GLAS BIER

Leergefegte Straßen, nur die
Lichter spiegeln sich auf dem
nassen Asphalt!
Der Abend noch jung, doch ich
werde heut' echt nicht alt!

Ich sitze hier in dieser Bar,
denke zurück an das was war!
Der Blick zur Uhr, der Zeiger tickt
Sekunde für Sekunde, so schicke ich
mich gerade in die Zeit zurück!

Erinnerungen an bessere Momente
An all die guten Augenblicke,
sie waren selten und darum so leicht,
sie den Gedanken doch zu pflücken!

Und jetzt sitze ich hier
In Gedanken versunken beim Glas Bier
Jeder Schluck „skipt" die Zeit
Weg Nachhause, scheint entfernt so weit!

Die Plätze dieser Bar sind leer!
So wie mein Lebensgefühl!
Ein Abend so wie dieser, er schmeckt
bitter und die Last trägt sich so schwer!

Ich weiß nicht mehr wohin
Ich weiß nicht mehr wie weit!
Alles was ich spür' und fühl'
Es ist alles Traurigkeit!

LICHT AUS!

Der letzte Text am heutigen Tag
Mit Schwerfälligkeit fall ich
zur Nacht
Kein Trost, kein blasser Schimmer
Die Nacht das Licht ausmacht!

Der Tag zu Ende, meine Nerven
und meine Gedanken auch!
So viel Trübsal im Schädel!
Das hält man den Tag nicht aus!

Das Licht geht aus -
Ich fall in die Nacht
Schwer die Last auf der Seele,
mit der ich morgen wieder erwach!

Ich fall in die Nacht!
Ich fall tief in die Nacht!
Der Tag, er geht zum Exit -
Die Nacht das Licht ausmacht!

Und in der Dunkelheit da,
lauern Dämonen und Schattengespenster
Sorgen und Zweifel machen sich breit,
in mir ist es kalt und so finster!

SEHNSÜCHTIG

Ohnmachtsgefühl
Innerlicher Fall in Leere
Der Raum in dem ich bin,
so erdrückend seine Schwere!

Fensterlos, türenlos
Kein Licht weit und breit!
Kein Funken Hoffnung schimmert durch,
auch nicht nur einen kleinen Schlitz
hinein!

Ich bin wie sehnsüchtig,
getrieben nach Heilung!
Haut und Wunden aufgerieben
Nicht mehr in der Lage, irgendetwas
hier zu lieben!

Todessturm und
Untergang
Schwindel und Nebel,
des ganzen Flures Gang entlang!

Ich taumele verirrt, verwirrt!
So verliere ich mich, ich falle -
Doch ich krieche, denn Aufmerksamkeit
erregen möchte ich nicht!

Depression und diese
Hypersensibilität -
Die Mischung dieser Komponenten,
mir immer wieder in die Quere gerät!

So trage ich Trauer
Schmerzen im Herzen drin
Unverstanden und mit jeder Menge
Leid, meiner Stufen Weges, die ich
bislang bis hier ging!

Wie lange ertrage ich bloß
diesen Zustand noch?
Ich hangele, klettere und strauchele,
falle immer wieder zurück ins Loch!

AUFRUHR UND STURM

In rauen Zeiten von
Aufruhr und Sturm
So bist du mir geduldig, gnädig
Wie innere Ruh'!

Im Ansturm von Unmut und
Unstimmigkeiten so bist du mir
treuer Gefährte, mein Anker, mein Verlass
Ich kann von der Seel' mir schreiben

Deine Tinte schenkt mir aufs Neue,
immer und immer wieder Zuversicht
Trotz deiner schwarzen Tinte, spendest
du mir unsagbar helles Licht

Unsere Verbundenheit,
diese ist wahrlich innig
Vielleicht schon verrückt,
besessen, vernarrt und sogar -
Wer weiß!? Unsinnig!

Du bist Tropfen und Medizin
Ein guter Tropfen für Herz
und Seele zugleich
Wie arm ich auch sein mag,
mein Inneres, mein ICH machst
du reich

Manch unruhige Straßen musste ich
einst im Leben schon befahren
Bei allem was auch vorbei zog, Papier
und Füller, euch musste ich mir bewahren!

Bekritzelt und beschmiert,
habe ich manches Stückchen Papier
Auch sanft und geordnet Zeilenverse
in Blockformen formatiert

DIE PERSON IM SPIEGEL

Wie sehe ich mich,
die Person die im Spiegel steht?
Wo kein Verständnis blüht,
kann ich dort verstehen!?

Kann ich dort stehen?
Kann ich dort gehen?
Kann ich dort, mir selbst
in die Augen sehen?

Wie weit reicht mein Verstand,
gehe ich unter oder sehe ich Land!?
Trage ich meine Hoffnung tief in mir!?
Oder sind alle Träume gebaut auf Sand!?

Wo geht's hin,
wohin führt mein Weg?
Bin ich, der der sich im Wege steht!?
So viele Fragen an mich!
Doch die Antworten bleiben wohl aus!
Führen all die Straßen, mich jemals
irgendwann Nachhaus`!?

Hoffen und Bangen,
mit Mut oder Zweifel?
Schlage ich mit den Flügeln,
drehe ich den Runden nur
meine Kreise!?

GROSSER TRAUM

Verloren auf dem Weg
An mir selbst zerbrochen
Worte, Worte - Wörter,
geschrieben und gesprochen!

Ich bin die Einsamkeit,
die Kälte, die Leere im Raum!
Alles Schutt und Asche,
in den Flammen verbrennt mein
großer Traum!

Alles gezündet,
alles lodert, es brennt lichterloh!
Alles in mir vernichtet!
Nur der Autor in mir, ist so -
dreckig schadenfroh!

Was ich durchlebe -
Es ist Fluch!? Es ist Segen!?
Es ist endloses Leid!
Dies wünsche ich nicht mal meinem
schlimmsten Feind!

Keine Kerzen die da brennen
in all der Dunkelheit
Wunden die mir schmerzen, ich
liege in meinem Leid!

Es ist als lebte ich ein
missratenes, falsch erwiesenes Leben
Tod und unendliche Trauer hier!
Ausgeburt der Hölle, existiert sie
da etwa in mir!?

ORT UND STELLE

Manchmal muss man das Buch
mal beiseite legen -
um die Fortsetzung zu kreieren!
Manchmal muss man einfach scheitern,
um es nochmal zu probieren!

In manchen Belangen ist das Leben
so sonderbar, unerklärlich schwer zu
begreifen!
Manchmal dreht man um von
Ort und Stelle zu gelangen mehr als
1000 Schleifen!

Manchmal erscheint alles so einfach
ohne große Worte und ohne Erklärung
Manchmal ist alles so kompliziert und
es braucht einer nötigen Belehrung!

Ja so ist das Leben, es gibt
wahrlich kein Patentrezept!
Manchmal läuft es außerhalb
vom besten Konzept!

Manchmal ist es so einfach und
mal auch mühselig,
Freude oder Trauer, nichts hält
wirklich ewig!

Manchmal scheint das Glück,
doch so zum Greifen nah
Mal hat man es bloß
so knapp doch nur verpasst!

Unerklärlich, dass man
was man mal so liebte
Dass man dafür keine
Liebe mehr in sich hat!

ALLES AUF TRÄUME

Vertraute Kräfte
Zurück zur Stärke
Wieder erinnern an, all
die vorhandenen Werte!

Zweifel alle restlos beseitigen
Der Zuversicht mehr Gewicht verteilen!
Narben verarzten, dass Wunden heilen!
Energie tanken in all den Zeiten!

Vom Träumen allein, davon
werden Träume nicht wahr!
Doch wer keine Träume hat, der hat
keine da, auch das ist wahr!

Drum glaube ich weiter dran!
An all meine Träume, alle meine!
Denn sie geben mir viel, gar fast
alles, sie lassen micht nicht alleine!

Bin ich bereit? Bin ich soweit?
Setze ich alles aufs Ganze!?
Ich glaube an meine Träume, sei dir sicher!
Glaube mir, dies kannste!

Die Zeit kommt,
doch sie ist sehr geduldig!
Geduldiger ist sie,
als ich es je bin!

Der Traum
beginnt nicht erst,
denn ich befinde mich
schon mittendrin!

Alles auf Träume!
Ich deute die Zeichen!
In meinen Gedanken, da
stelle ich die Weichen!

Alles auf Träume!
Kompass seines Ziels -
Alles auf Träume
Auf mein Lebensgefühl!

EISIGES HERZ

Keiner kann mir helfen
Keiner weiß um meinen Schmerz
Kummer, Trauer, Sorgenkleid
Tiefgefroren ist mein eisiges Herz!

Ich weiß nicht mehr, wie lange
ich noch kann!
Wie lange ich es noch aushalte und
ertrage, ich werde mir selbst
zu meiner Plage!

An manchen Tagen,
da ist es so verdammt unerträglich!
Dieses Ertragen, die Gefühle
werden mehr und zwar täglich!

Mich zu wehren fällt mir
von Mal zu Mal schwerer!
Mich zu lösen aus dem negativen
Strudel, ich versage, zwar kläglich!

FERN DER HOFFNUNG

Ich halte nur noch durch
Für dich!
Denn helfen kann mir keiner -
wirklich nicht!

Für dein Lächeln jeden Tag,
nehme ich den Kampf auf!
Strapazen und Scherereien,
ich nehme sie in Kauf!
Mein Sonnenschein, du hast es
nicht verdient, denn du trägst
keine Schuld daran!
Du wirst von mir geliebt!

Ich würde all dem doch,
allzu gerne ein verdammtes Ende
setzen! Jede Sekunde am Tag -
bin ich mich mit der Welt am Fetzen!
Fern der Hoffnung auf
jegliche Zuversicht!?
Doch ich bleibe, ich bleibe
denn dies verdienst du nicht!

An manchen Tagen ertrage ich
es nicht mehr!
Die Last erdrückt mich,
der Gang wird so schwer!

DER AUTOBIOGRAF

Erlange ich den Sieg,
wenn ich einfach aufgebe?
Aussichten auf Veränderung,
gibt's keine die ich sehe!

Unverstanden
allein in meinen Gedanken
Allein in den Sorgen,
allein mit und in mir!

Wie oft schon
schrieb ich ähnliches,
wie dies hier schon
zu Papier!?

Eine Rettung scheint mir
einfach nicht in Sicht!
Zu keiner Zeit, kein Augenblick,
kein Moment -
Es gibt ihn einfach nicht!

Die Energie am Ende
Meine Kraft ist aufgebraucht!
Auf verbranntem Land, da
habe ich neuaufgebaut!

Kein Licht das mir scheinen mag,
es geht nur abwärts Schlag auf Schlag!
Dies sind Auszüge aus meinem Leben
Ich bin der Autobiograf!

Auf den Schienen der
negativen Streckenabschnitte
Getrieben an jeden äußersten Rand,
war doch im Zentrum meiner Mitte!?
Oder!?

AUF PECH UND SCHEISSE!

Manchmal schriebe ich einfach nieder,
einfach drauf los was mich bewegt
Gedanken, Niedergänge, Wut und Mut
Hart der Wind der gerade fegt!

Zu viel Chaos und Durcheinander
Wunsch und Hilferuf auf Besserung!
Gott, werfe mir bitte Licht ins Leben
Ich tanze auf Messers Schneide herum!

Traurigkeit, trübe Sicht
Klarer Blick, ich fass ihn nicht!
Alte Probleme im neuen Kleid
Alle gegen einen, alle gegen mich!

Auf Pech und Scheiße,
immer Verlass doch ist!
Negative Welle, sie packt dich,
wenn du vom Glück verlassen bist!
Nach dem Abgrund folgt der
Sturz, ein tiefer Fall!
Wenn du denkst härter kommt es
nicht, dann erfolgt der Aufprall!

Tief gesunken, Blicke rauf!
Sternenblick, den du nicht siehst!
Einsam, du im Untergang deine
Wege und Bahnen ziehst!

KEINER AUF DER WELT

Keiner auf der Welt hört dir zu!
Keinen kümmert es,
keinen stört es!
Was! Wer bist du!?

Angespannt, verkrampft
so gehst du täglich deines Kummers,
deiner Sorgen mit jenem Wunsch, mit
der Hoffnung auf einen baldig
besseren Morgen!

Und so leide ich und
schreibe ich an aller Tage Abend,
mit der Hoffnung, das bald alle
verstanden haben:

Depressionen sind keine Gefühlsausbrüche!
Depression ist eine anhaltende, verdammte,
verkackte Krankheit! Phasen und Schübe!
Wann begreift ihr es, wann begreift ihr es!?
Wann begreift es endliche diese Menschheit!?

Beruflich seelischer Stress!
Privater Druck, finanziell!
Der Fall ins Loch bekannt!
Und dieser geht verdammt schnell!

Ich sitze seit Wochen
gelegentlich abends am Tisch
in dieser Bar! Versunken in
Problemen tief in mir!
Getrunken schon so manches Bier!

Auf der Suche nach einer Lösung,
in jedem Tropfen, bei jedem Schluck!
Es lässt nicht nach, es lässt nicht nach!
Er steigt und wächst, der innerliche
Druck!

Jeden Tag erlebe ich eine Höllenqual
Niemand der sie sieht oder bemerkt!
Ich erwarte auch keine Hilfe mehr,
ich muss mir selbst helfen, doch
dieser Weg wird verdammt schwer!

Der Kummer sitzt tief in der Seele
Mein Herz es brennt!
Ohne Branntwein in der Wunde, es
mein Leben schon nicht mehr kennt!

Da sind nur Probleme!
Und diese wachsen, schnüren mir
jegliche Luft ab! Keine Lösung,
sie fordern nur, mein Geduldsfaden
er reißt, weil ich bald keine
mehr hab'!

Dies ist ein richtig derber,
tiefer depressiver Zustand!
Mein Inneres steht in einem
großflächigen Brand!

Mir kribbeln und zucken die
Nerven, innerlich sterbe ich den Tod!
Bin ich restlos verbrannt, gibt's
keinen Grund mehr für die Not!

Für all das Leid, für all
den Schmerz, welches ich im Leben
erfuhr, bitte und sehne ich mich nicht
nach Rache!
HEILUNG! Wäre so wohltuend!

NACHTS UM 3

Keine einzige Nacht schlafe ich
mehr durch, jede Nacht werde ich
um 3 Uhr wach! Mir zieht's und sticht's
am Herz und auf der Brust!

Ich halte es nicht mehr lange aus!
Das Stechen und das Verkrampfen,
die innere Unruhe raubt mir
jede Nacht den Schlaf!

Ich kann nicht mehr abschalten
vom alltäglichen Chaos!
Arbeitsplatz voller Hektik und
verdammten Stress!
Es reizt mich bis aufs Blut so sehr!

Wenn der Arbeitsplatz auf
die Gesundheit schlägt, wird es Zeit,
dass man zeitnah das Weite sucht
und den Arbeitsplatz verlässt!

Diese Unruhe zieht durch mich durch
und mit mir Tag für Tag!
Keine Zeit mehr zum Erholen, kein
Mensch da der mich verstehen kann,
will oder mag!

An diesen finsteren Tagen
in den dunkelsten Stunden, wo
ich mit Leid und Elend bedeckt bin
und der Kopf in der Scheiße steckt!

Da denke ich mittlerweile schon,
über den Tod nach!
Weil er wie Erleichterung klingt
Weil mir dieses elendige Leben
keine ersichtliche Lösung nach
Veränderung bringt!

QUÄLENDER ZUSTAND

Innerliches Zerreißen
Seelische Folter
Kann mich nicht entfesseln,
kann mich nicht losreißen!

Innerlicher Verlust,
Niedergang, Schmerz haftet sehr!
Was ich auch versuche,
ich finde keine Gegenwehr!

Nur "Pflicht im Kopf"!
Nur "Durchhalten im Kopf"!
Nur "Zur Aufrechterhaltung, aller
Kette-Glieder im Kopf"!

Ich leide, ich brenne
Mein Herz überschlägt sich!
Anspannung und Verkrampfung,
meine linke Körperhälfte am Arsch!

WILLKOMMEN AM ENDE!

Mein Wesen, meine Emotionen,
mein Empfinden -
Sie sind wie ein Gefängnis!
Gutmütig, gutherzig, wurde belächelt,
ausgespielt, meine Züge wurden mir
zu meinem Verhängnis!

Sie lassen einen hier nicht
in Frieden leben!
Und es scheint für mich, niemals
eine Flucht, keinen Ausweg zu geben!

Sie sagen immer nur;
"Sei doch mal fröhlich und lache
doch mal"!
"Musst das Gute sehen, denke nicht
zu viel nach"!

Es sind leider Menschen, die
von dem was ich habe, keine Ahnung
haben! Meine Erkrankung der Depression,
sie wird angehört und angenommen,
es wird bemitleidet, aber nicht,
in auch nur irgendeiner Form wirklich
verstanden!

Anstelle von Nachempfinden und
von dem wirklich gewünschten Verständnis,
da kommt lediglich nur;
"Das ist schlimm, ja"!

Und weiter geht's mit Druck
und auch mit Bedrängnis -
Ich will mich gar nicht hier
beschweren, denn helfen kann mir eh
keiner hier!
Mitleid wollte ich nie!
An keinem einzigen Tag!
Nur Verständnis! Verdammt nochmal!
Doch war wohl zu viel verlangt!

Es geht lediglich ums Funktionieren!
Ums Überleben, in den von uns
auferlegten Regeln in allen Systemen!
Geld! Geld!
GELD!
Das ist alles was hier zählt!
Pseudogefühle für Gesundheit und
Erkrankung, ich bin fertig mit
dieser Dreckswelt!

EIGENTLICH FÜR DEN ARZT
(NICHT ABGEGEBEN)

Weil es mir momentan schwerfällt,
über meinen Zustand zu sprechen,
weil ich mich schäme, schon wieder
wegen Depressionen, wieder wegen
einem Arbeitsplatz mich vorstellen
zu müssen!
Wieder, weil ich seelisch am Ende bin!

Es setzt mir alles so sehr zu!
Keiner der mich versteht,
keiner da dem ich es sagen kann
Ich denke zu viel nach, ich fühle zu sehr!

Finanzielle Schulden!
Trauer und Kummer
Trennung!
Schlafstörungen und
Essstörungen
Durcheinander auf der Arbeit
Nur noch Chaos!

Umzug bewältigen
Job frustriert und ich
habe Auseinandersetzungen
Ringen um Luft!
Atemnot, Schnappatmungen

Bronchien- und Lungenwerte
sind seit einem Jahr anhaltend
schlecht!
Fühle nur noch Schuld und Scham
Ähnlich wie im Herbst 2014,
bei meinem Burnout!
Innerlich dieses "MUSS"

Konflikte und Beschuldigungen,
diese habe ich ertragen!
Innerliche Vorwürfe erhoben!
Ich könnte ständig heulen!

Getrieben zum Funktionieren!
Getrieben um finanzielle
Leistungen einzuhalten!
Innerlich verloren
Fühle nur noch Leid und Schmerz!

Schaffe keine Abgrenzung
Es schmerzt und zerreißt mich!
Alles wissen, dass ich Depressionen
habe, aber wirkliches Verständnis,
dies hat niemand!

Mittlerweile spucke ich
Schleim und Blut!
Keiner versteht mich, dies
ist so einengend!

Ich will kein verdammtes Mitleid!
Ich will nur Verständnis!
Ich kann nicht mehr!
FUCK!

Der Drang zu heulen,
den ich mir verwehre!
Es staut so einen Krampf und
Druck auf der Brust!

Auch der Tod meines Großvaters
im Jahr 2019, er hängt mir noch
nach! Ich habe diese Trauer nicht
verarbeitet, nicht geteilt!

IMMER BIS NIX MEHR GEHT!

Seit langer Zeit, seit Jahr
und Tag, weiß ich um meine
Krankheitssituation!
Immer wieder aber, immer wieder
so halte ich durch, immer!
Bis nix mehr geht!

Dies strengt mich so sehr an,
eine Rolle zu spielen, bis
schlussendlich aber das Muster
meiner Krankheit ausbricht!

Dann ist es mir nicht mehr
möglich, die Rolle,
die Fassade irgendwie noch
aufrecht zu erhalten!

Mein Umgang mit den
Depressionen, ich weiß nicht
wie ich sie noch bewerkstelligen
soll!

Ich mache mir stetig und
permanent Gedanken, aber nicht
mehr um mich, viel mehr um
die Menschen die ich liebe!

Ich habe schon nervliche
Schädigungen
Ich leide an Schlafstörungen
und Attacken!
Ich bin lange schon verloren!

KRANK ODER!?

Nur weil ich psychisch erkrankt bin,
heißt es nicht mit dieser Diagnose,
dass ich
GEWALTTÄTIG oder PÄDOPHIL bin!
NEIN!

Ich erfahre psychisches Leid, weil es
Menschen in der Gesellschaft gibt, die
aber solche Taten begehen!

Empathie und Einfühlungsvermögen,
werden leider in unserer Gesellschaft als
KRANK UND DEPRESSIV abgestempelt!
KRANK ODER!?

Ein Zitat von mir,
welches hoffentlich Spuren
hinterlässt und ein Nachdenken
mit sich zieht!

MÜDE

Ich bin so müde meiner Wege
die ich gehe!
Ein Ausweg nach dem ich
mich so sehr sehne

Ich flehe
Ich bete
Doch nirgendwo ist
einer zu sehen!

So müde meines
Lebensweges
Ja mein Leben,
es ist ein bewegtes!
Die Sicht so trüb
Nichts ist mehr klar
Alles verschwimmt, ich
nehme nichts mehr wahr!

Meine Seele schreit!
Mein Herz es weint,
doch die Augen halten alle
Tränen zurück!

Das Immunsystem in den
letzten Tagen, es streikt!
Nur FUNKTIONIEREN, ist alles
was mir über bleibt!

TRAUMTAG

Was müsste geschehen an
meinen Traumtag?
Sorgen müssten sich in Luft
auflösen, so wie ich es
auch geträumt hab'!

Buchautor hauptberuflich,
dieser müsste ich sein!
10 Stunden plus, Arbeit -
Schreiben, dies wäre fein!

Ich brauche kein Konto
mit zig Millionen!
Bücher schreiben, drüber sprechen
Meine Seele wird sich erholen!

Dies wäre mein Traumtag!
Mein wirklicher Traumtag!
Sorgen lösen sich in Luft auf!
Gute Gedanken machen einen drauf!

Traumtag, allen geht es gut
Allen Menschen, die ich liebe,
die mir nahestehen und ich darf
schreiben bis die Lichter ausgehen!

Was müsste geschehen
an meinem Traumtag?
Alle Menschen werden sich erfreuen,
so wie ich es gewünscht hab'!

Freunde, Familie, Wegbegleiter
Gott und die Welt haben gute Tage!
Sie haben alle eine gute Zeit,
so wie ich es auch geträumt habe!

Ich brauche kein Konto
mit zig Millionen!
Texte schreiben, Texte teilen
Menschenseelen will ich einholen!

Ein Traum vom Traumtag,
von meinem Traumleben!
Es wäre mir ein Träumchen,
würde der Traum Wahrheit werden!

Was nicht ist,
kann vielleicht mal werden!?
Was nicht ist,
so lasse ich die Träume
alle stärker werden!

INTERNETANSCHLUSS

Ich bin nur noch abgefuckt, so
angewidert von der obrigen Gesellschaft!
Insbesondere von dem Teil, der nur noch
abzockt, verarscht und uns hier unten
für den Zweck halten, den sie betreiben!

Ich leiste meinen Beitrag für die Nutzung
vom Internet, aufgrund eines Umzuges,
zog sich bis zum heutigen Tag - bis zum
Verfassen dieses Textes die Einrichtung hin!

Über 5 bereits geführte Telefonate!
Sie ergaben alle nichts!
Alle liefen so erfolgreich,
ins absolute Nichts!

Umzugsdaten und
BLA-BLA-BLA
Bis zu ca. 4 Wochen
dauert es schon mal!

Bei den Telefonaten war
es immer doch der gleiche Ablauf!
"Technische Probleme", denn alles
sei doch eingerichtet!

Ein Techniker
Vormieterdaten,
dies alles sei erforderlich
Alles in Erfahrung gebracht und
wieder alles für den Arsch berichtet!

4 Wochen später, noch nix getan!
Kein Techniker weit und breit zu sehen!
Dann ging ich zu einem Shop vor Ort
Datenabgleich, es erwies sich -
Es ist nix geschehen!

Man wird verarscht und abgezockt!
Für dumm verkauft und hinters Licht
geführt!
Reklamation, Beschwerde - alles
vergebens, Rechtsfolgen für die Gauner,
diese bleiben immer unberührt!

Dies ist aus der Gesellschaft
Alltag! Ich schnappe nach Sauerstoff
hoch zwei! Nach diesem Vertrag!
Denn die beste aller Begründung,
die hörte ich nahezu am heutigen Tag!

"In diesem alten Haus, gäbe es
so viele Leitungen und so viele
Kabelanschlüsse - ein wahres
Durcheinander", sagte mir der
Sachbearbeiter in diesem Shop,

Antworten der er am Telefon bekam!

Aber bezahlen darf ich!
Was hier abläuft, dies ist lange
schon nicht mehr normal!

Schlussendlich das Ende vom Lied
Eine Vertragsänderung unterschrieben
Scheinbar die Masche der Vorgänge,
seltsames bekanntes Treiben!

Und siehe das neue Gerät, es kam
tatsächlich zeitnah an -
Eingesteckt, eingestöpselt,
Fehlermeldung wie bekannt, also
alles wie es vorher war!

LÜGENSYSTEM

An manchen Tagen weiß ich
nicht mehr wohin mit all den
Gefühlen, dem ganzen Hass und
mit der ganzen Wut!

Was da alles im Innern bei
mir angestaut ist -
Weil ich merke, dass du nur
für den Zweck hier gut bist!

An manchen Tagen habe ich
das Gefühl, ich drehe durch!
Nix ist mehr in Ordnung!
Frust, Wut, Hass auf diese
Gesellschaft ist da!
Alles nicht ohne Grund entstanden
und wächst tagtäglich fort!

Allein mit dem Durchblick
des ganzen LÜGENSYSTEMS!
Allein mit der Wahrheit -
Im Wahnsinn des Geschehens!

Überall die gleiche Masche!
Abläufe und Vorgänge
Tag für Tag, Jahr für Jahr
in aller Lebenslänge!

Belogen und betrogen
Verarscht von vorne bis hinten!
Beschissene Machenschaften,
geschmiert, manipuliert -
Keine Chance zum Unterbinden!

NACH DEM UMZUG

Stockwerk Nummer 7
Bei einer 1-Z-Wohnung
bin ich doch geblieben!
Der Umzug ist bewältigt!

Strom und Wasser vorhanden
Es läuft kein Fernsehgerät
Internet ist nicht verbunden,
umgeleitet, nicht angewählt!

11-stöckiges Blockgebäude-Haus
So viele Menschen und Stimmen
Doch Stille bei mir, allein mit
mir, ich halte es kaum aus!

Keine Musik die vom Laptop
wie so gewohnt doch erklang
Nur Stille, mit mir ganz allein
Innere Unruhe, ich schreibe zum
Drang!

So seltsam und merkwürdig
ich mir Gedanken über mich mache
Über meine psychische Erkrankung
Alle Entschlüsse die ich fasste!

Kein Leben in diesem Raum!
Nur Stille, man kann der Zeit
beim Verstreichen auf der Uhr,
des Zeigers zuschauen!

Leere und Stille
Das ist geblieben!
Auch Schwere und Last zugleich
Definitiv bin ich (nicht)gesund
Doch die Erkenntnis ändert sich
an jedem Verweis!

So seltsam allein mit mir selbst
Nach so lebhaften Jahren
Ich bin schwer zu begreifen!
Krank, meine Lebensschritte doch
waren!?

IDIOT

Ich bin ein Idiot!
Ich bin ein Idiot!
Ich gehe erkältet zur Arbeit,
schleppe mich dorthin halbtot!

Ich bin ein Idiot!
Denn ich habe ein schlechtes
Gewissen, man braucht ja auch
die Kohle und das tägliche Brot!

Feuerrote Augen, glasig
Schwindel, Schüttelfrost und
Kopfschmerz vom Nase putzen, Nase
ist dicht und rasendes Herz!

Ich bin ein Idiot!
Ich bin so ein Idiot,
den keiner versteht! Denn alles
was hier zählt, dass man doch
zur beschissenen Arbeit geht!

Krankheit man sich nicht leistet,
denn auf Spiel steht ja der
Arbeitsplatz!
Ich bin ein Idiot, ich bin ein
Idiot!

So quäle ich mich zum
Arbeitsplatz, Augen drücken
Gliederschmerzen -
Ich bin so im Arsch und ich
bin wirklich ein Idiot!

Kosten im Kopf!
Rechnungen flattern ins
Haus!
Keine große Wahl, der Idiot
badet doch alles aus!

LITERARISCHE TRÄUME

Der Mensch, der hier schreibt
Der Dichter, der Autor, der
der privat mehr alles
vermasselte und zudem verlor!

Der Dichter, der Denker
lebt in seinen Lebenswerken
Literarische Träume, die niemals
in einer Form Wahrheit werden!

Literarische Nächte, ich
schlug mir sie um die Ohren
Zum schreibenden Dichter vielleicht,
wurde ich in diesem Leben geboren!?

Schreibleidenschaft, Schreibtherapie
Alles was jemals bleibt von mir,
ist Textgedicht, Reim und Vers -
verfasst im Buch, gedruckt auf Papier

Der Dichter, der Denker hat
das Spiel wohl gewonnen!?
Denn der Mensch privat, hat gelitten,
verloren, verbrannt unter 1000 Sonnen!

Und so weiß ich doch auch,
gibt es mehr als nur schwarz/weiß
Doch meine Gedanken, mein ganzes
Wesen-Konstrukt es druckt, auch farbig
lediglich schwarz/weiß

So bleibe ich selbst nur
ein literarischer Traum
Unvollendete Perfektion meiner
Person, denn ich bin unverstanden!
Niemand der mich versteht!

Und ich laufe über den
Marktplatz meiner Stadt
Da schreit der Buchhändler, dass
er doch das literarische Highlight hat!

Und ich gehe stillschweigend
weiter und denke mir so;
"Schreihals, weißt du überhaupt, was
ein literarisches Highlight so alles
inne hat"!?

GEWÜHL AM TAG

Heute wollte ich doch eigentlich
am Tag mal nichts schreiben
Wollte in Ruhe doch die Tinte lassen!
Doch etwas anderes will mir gar nicht
bleiben, als dass ich neue Reime
wieder hier verfass'!

So schreibe ich aus dem Leben
Aus den Gedanken, aus den Träumen
Von Dingen die sich mir ergeben,
ich möchte Platz für meine Seele
einräumen

Seelisches Befinden und dazu
alltägliche Beschreibung
Arbeit und privat -
Gefühlsgemisch

Emotional ergreift es mich
Durcheinander -
Gewühl vom Gefühl,
mitten am Tag

Und so tauche ich ein,
in des Gedanken; "Lass ich
den Füller, heute mal Füller
sein..."!

Aber weiß ich doch selbst
am besten und tue es kund
Der Füller mein bester Freund,
in schwerster Stund'!

BAUSTELLEN-LEBEN

Es sind keine Umbrüche
Es kein Neubeginn
Meine Erkenntnis ist;
Das mein ganzes Leben eine
einzige Baustelle ist!

Die Gedanken, sie mich treiben
Der Kopf plant und kreiert!
Dies alles ist der Grund,
warum in meinem Leben so viel
passiert!

Ein Introvertierter
Er ist mutiert!
Nun ein Extrovertierter
Ein Ruheloser auf der Reise
Ohne festes Heim, nur mit
dem Ziel zu leben!

Vielleicht ist es einfach
meine Art von Leben leben!?
Festes Heim nur in mir, so wird
es draußen keines für mich geben!

DER REIZ DER SPRACHE

Es fasziniert, es reizt,
es motiviert und es packt mich!
Das Verfassen neuer Texte,
in Wort und Schrift!

Das stetig neue Kreieren,
von ganz neuen Zeilen!
Von mir aus dem Leben,
aus all diesen Zeiten!

Der Nutzeffekt -
THERAPIE!
Medizin und
DEPRESSIONSPOESIE

Medikament als
Sinn und Zweck
Die Leidenschaft kam
und sie geht nicht weg!

Die Sprache treibt mich
Sie zieht mich und stärkt mich!
Ein Leben ohne Papier und Stift,
ich könnte nicht mehr, es geht nicht!

Gerade wenn es mir wieder
schlecht und traurig geht
Ist so ein Text wie dieser hier,
wo nach dem Nebel die Sonne aufgeht!

Andere sammeln Geld oder Autos!
Andere brauchen ständig neue Partner
im Leben!
Ich brauche Papier, Stift und Zeit!
Schon habe ich Frieden und Segen!

OUTRO & ENDE!

Neue Kapitel
Neue Verse
Neue Texte reimen!
Ich halte jetzt meinen
SICHERHEITSABSTAND zur
Realität!
(Mehr als nur 1,50m)!

Die schlechten Nachrichten
der Medien, ich bin sie leid!
Und auch am Ende, es ist alles nicht
des Aufregens meines Lebens wert!
Wirklich frische Gedanken
generieren!
Mich zu neuen Zeilen, besseren
Zielen katapultieren!

Schlechte Laune
Ich packe allesamt in den
Müllsack rein!
Tonne auf
Ab-Fall
Deckel zu und
Auf Nimmerwiedersehen!
Es ist an der Zeit
neu zu leben!
Zeit -
den Wind endlich zu drehen!

KAPITEL 2

Depressionspoesie

Bin nur ich

Als Kind schon gelitten, noch heute
bin ich am Leiden
Alles was mir hilft, mein
therapeutisches Schreiben

Der Junge in Schwarz -
Die Farbe seines Lebens!
Schwarze Rosen -
Schwarze Kleidung, schwarze Hosen

Der Mensch in mir, das meine Sein -
Es fühlt und leidet ungemein!
Der Mensch in mir, er versagt,
Der Mensch in mir, erträgt
unerträgliche Qual!

Der Mensch in mir -
KATASTROPHE
Vom ersten Tag an,
von der ersten Strophe

Der Mensch in mir -
gesellschaftskritisch!
Versager!
Privat wie arbeitstechnisch!

Nur der Dichter, der Verfasser
Schwarzes Herz gefasst!
Nur der Dichter, der Zeilen scheibt,
Form der Freiheit kann so selten sein!

Ich fühle Leid und Schmerz
Kummer auf der Seele, im Herz
schrecklich, unerträglich,
unglücklich - Ach, bin doch nur ich!

Mein Leben in mir ist die Hölle!
Ich der Mensch an Ort und Stelle
Ich stehe im Feuer, in heißen Flammen
Ich habe Kummer, ich verbrenne!

Ich bekomme nichts auf die Reihe,
nichts auf die Kette, ich fühle
nur noch Steine unerträglich hart
und die Kraft wirkt ermüdend -
Doch scheißegal ob ich leide,
bin ja nur ich!

Der Mensch in mir, er
scheitert, er leidet, er zerreißt
Der Dichter in mir, verfasst,
beschreibt schmerzhaftes Stück Fleisch!

Der Mensch in mir, er kommt
aus seiner Haut nicht raus!
Der Mensch in mir, er leidet,
quält sich, wie lange hält er es
noch aus?

Depri-Slam

Die trübe Zeit im Jahr
Das triste sonnenlose Grau
Träume sind zerschlagen, also
träume ich nochmal neu!?

Ich denke und versetze mich
zurück in die Sommerzeit
Der frische Duft von -
Sträuchern, Wiesen und Heu

So versinke ich hier in
den Gedanken meiner Erinnerungen
Sommersonnenträume sind unter
meiner Haut doch eingedrungen!

Doch die Träume, sie
sterben ihren Winter
Nichts als Scherben, verlorener
Sohn - Ja, ich bin der!

So verbringe ich diese Traurigkeit
in dieser kalten dunklen Jahreszeit
Und ich weiß, der Sommer ist noch
so manche lange Nächte weit!

So bleibt mir nix zu sagen
Denn die Winter sie enden nie!
So lebe ich in des Wortes -
DEPRESSIONS-POESIE

Röslein

Das kleine Röslein, es einsam
auf der Wiese stand
Traurig und verwelkt, hat die
Farben des Lebens nie erkannt!

Das blühende Leben, es
doch gewesen war ringsrum!
Mit Winterskälte stand es, im
Sommer auf dem Rasen herum!

Die Sonne schien den ganzen
warmen Sommer lang!
Doch der Sonne Wärme, kam
nicht ans kleine Röslein ran!

Das Röslein welkte in Trauer
des auf der Wiese sein -
Verwelkt ohne Farbenfreude,
so traurigschön kann das Leben sein!

Täuschung

Die Depression, diese
manipulative geistige Störung!
Sie verstrickt mich in einen
Zustand der unerträglichen Schwere!

Teilweise Wahrheit,
doch diese wird dazu vergiftet!
Die Depression macht es schlimmer,
als es ist, sie hinterlässt Leere!

Sie bringt Zweifel und Trauer,
diese mich zerfressen!
Innerlicher Fall in die Tiefe,
so scheinbar haltlos!

Ich rutsche im Strudel
der Täuschung, stetig bergab
Wo ist die Reißleine, ich benötige
sie aber ich falle bloß!

Ich stürze in die Tiefe!
Ich stürze ab!

Narbenreich

Ich habe da draußen bald
nix mehr zu sagen!
Denn ich rede mich doch nur
um Kopf und Kragen!

Wundgelitten ist mein
Menschenfleisch!
Aufgerieben bei all der Strecke,
durchs ganze Narbenreich

Düstere Wälder und
zwielichtige Gestalten
Ich wandle durch den Winter,
den finsteren und eisigkalten!

Jede Hoffnung erfriert im
Kristallgefüge des Winters!
Ich wandele durch lichtlose düstere
Albträume ihr lieben Kinder!

Die Furcht im Erschrecken,
schon erstarrt, erfroren!
Nix mehr zu verlieren, denn
längst bin ich doch schon verloren!

Im Wintergrau erstickt der Sommer
Im Herbst ist kein Frühling fühlbar
Eiszeit, nichts als Eiszeit, ein
so endlos langer Winter!

In der Freitagsfrüh

In der Freitagsfrüh, da
verkrampfe ich so sehr!
Denn die wochenlange Nervenschädigung
setzt mir zu und zwar recht schwer!

Montags bis freitags, wird
man gestresst und gehetzt!
Man wird getrieben und gescheucht,
die Menschheit sie
ist nicht mehr ganz dicht!

Alle haben doch,
letztlich die Schnauze voll!
Jeder spricht es aus!
Doch wird nix unternommen,
weil keines der Lämmer sich
auch nur etwas zu sagen traut!

Aus schlechter Laune

Aus schlechter Laune, Frust
und Depression heraus, schreibe
ich und schreibe ich all diese
gereimten Zeilen auf!

Ich wünsche den Weg des Lichts
Suche, doch ich finde nichts!
Vergebens, verloren in Gedanken,
doch ich zumindest in diesen Zeilen,
kann ich wieder Kräfte tanken!

Ich will weg, ich will raus!
Ich lasse alles im Schatten zurück!
Wunsch ist Wunsch, Traum bleibt Traum
Vertraue ich aufs Glück!?

Vieles kommt, vieles zieht vorbei
Kaum von allem immer alles bleibt!
Gefühle und Gedanken im Anflug, ohne Trost,
ohne Zuversicht, machen einfach keinen Abflug!

Wo ist die Zeit
für eine gute Zeit!?
Ist sie greifbar nah oder,
nicht zu greifen - entfernt so weit!?

Arne

Ich habe gesessen in der Bar,
allein am Tisch
Doch mir gegenüber waren drei
Leute zeitgleich da

Sie unterhielten sich über
ihr eigenes Studentenleben
Sie machten Scherze, waren
über Vergangenes am Reden

Plötzlich redeten sie von Arne,
er sei gelandet in der Psychiatrie
Wieder mal ein Absturz! Er habe sich
"gefangen", aber besser wird es nie!

Und ein anderer habe sich das Leben
genommen! Sei verreckt am Bahnhof,
in einem Ort - den ich aber nicht verstand -
Ich empfand bei all meinem Leiden, für
einen Moment "Die Depression das Schwein"!
Gleichzeitig ich auch Gott, wieder sehr
für seine Gnade dank!

Arne in der Psychiatrie, ich kenne dich
nicht! Unbekannterweise gute Besserung
wünsche ich dir, von meinem Schreibplatz,
während meiner Schreibtherapie von hier!

Auch wenn man sich nicht kennt,
Schicksale die man doch kennt!
Diese Krankheit Depression, sie ist
die Pest!
Sie verpasst auch mir, doch ich beiß
zurück mit Ziel, ich gebe ihr den Rest!

Trauerlied

Der November ist ein Trauerlied
Genauso wie jede trübe Wolke,
die aufzieht
Und auch in mir ist passend zu
dieser Zeit alles grau!
Es ist leer, trist und trage Leid!

Ein Umzug inmitten des Wetters Tod,
wo der Herbst am Asphalt klebt!
So trage ich mein Hab und Gut, all die
Stockwerke hoch, bis es vor meiner
Türe steht!

So hinterlasse ich im kühlen,
dunklen, tristen und nassen Herbstgefühl
alte Spuren im Leben, bis im Neujahr,
im Frühling neue blühen!

Trostlose und nebeldichte Ausblicke!
So schaue ich schon am Morgen drein
Der Tag er wird nicht heller und
auch in meiner Seele fehlt der Sonnenschein!

So viel Umbruch wieder mal!
Und mal wieder im Herbststau
an einem Regentag -
Gefühle und Gedanken, all die Bilder,
alles trägt der Herbst hinfort, mein Leben
es mag einfach wohl kein Segen sein!?

Lichterloses Haus

Wieder mal sitze ich hier,
so richtig beschissen geht es mir!
Schlechter Schlaf schon wochenlang
Mir drückt der Schädel beim
Gedankengang

Meine Atemwege sind rau!
Bronchialasthma im Novembergrau!
Üblich und gewohnt wie jedes Jahr,
auch die Depression ist pünktlich
stärker wieder da!

Ich komme aus dem Elend nicht
mehr raus!
Grausam und schrecklich das Gefühl,
wie ein fenster- und lichterloses Haus!

In mir ist Kälte und Leere
Da draußen Chaos, Stress, Hektik
Mein Leben in einer Schwere
Magen-Darm beschwert sich mit Sodbrennen

Schlafgestörte Nächte
Ermüdung und Erschöpfung
an jedem neuen Morgen
Ich schlafe, wenn ich mal schlafe,
dann mit Kummer ein und erwache mit
Herzrasen und Sorgen

Verwelkte Rosen und am Tisch
steht mein Sorgenkranz
Erstickte und verdrängte Gefühle,
so bewege ich mich jeden Tag im
Trauerkranz

K.O.!

Mir geht es total beschissen!
Klare und direkte Formulierung
Erkältet, Lunge ist belegt
Kopf und Gliederschmerzen!

Mein Immunsystem total am Arsch!
Doch habe ich keine große Wahl,
arbeiten gehen und funktionieren!
Der Rest ist scheißegal!

Die Nase dicht, der Schädel brummt!
Füße eisigkalt dazu noch - und
Pfeifen auf den Atemwegen
Ich kann nicht mehr, bin ich echt
im Arsch bis hinten gegen!

Schlafstörungen
Schlafmangel
Alles zerfetzt mich
und setzt mich ins K.O.!

Von allen Seiten höre ich
immer nur; "Du hast Arbeit,
dir geht's gut, sei doch
auch mal froh"!

Innerlich schon so weit
gequält und dem Tode nah!
Nur äußerlich, sieht es niemand
Es nimmt keiner wahr!

Depri-Autobio

So bekritzele ich das
Papier Tag für Tag
Doch die Lösung finden, was
mir doch verbleiben mag!

Mit wem soll ich noch reden?
Wem mich noch anvertrauen?
Ich bin krank und verloren!
Muss nur in den Spiegel schauen!

Vieles begonnen, abgebrochen
Wege beendet!
Letztlich immer und immer wieder
im Chaos geendet!

Was tue ich hier eigentlich?
Wörter beschmieren auf Papier!
Doch ich bin krank! Keiner
versteht es, ich kann nix dafür!

Unter dem Ascheregen

All die Tage so leben,
wie sie doch kommen
Tanzend unter dem Ascheregen
unter verglühenden Sonnen!

Wir leben jetzt, wir leben hier!
Warum sorgen vor einem Morgen -
Den wir vielleicht doch gar
nicht mehr erleben!

Den Augenblick leben
Gefühle in Echtzeit spüren
Alles „verwäscht" sich im Alltag
Nur Trauer die mich berührt!

Wie viel von meinem Leben,
gehört denn wirklich mir?
Arbeiten, Leistungszahlung!
Ich lediglich nur funktionier!

Ich bin so vieles, einfach nur
mehr als satt!
Gelenkt, geformt, damit jeder aus
mir seinen Nutzen hat!

Ich verliere die Kontrolle
über alles, dies macht es mir
so schwer! Alles was ich noch fühle,
Tod, Schmerz - alles ist leer!

Viel zu lang

Ich fühle mich am Ende meiner Kräfte
Viel zu lang trug ich schwere Last
Allein mit dem seelisch
erdrückendem Gepäck!
Du kannst kriechen, bis du irgendwann
nix mehr machst!

Irgendwann fällt man zu Boden
Weil die Schritte so schwerfällig sind
Mit allen Vieren von sich gestreckt,
wartet man wieder auf einen
frische Wind!

Und so verfasse ich mir ein Zitat,
zu meiner eigenen Weisheit mit
schmerzhaftem Unterton dabei;
"In einem Sturm findest du keine
Ruhe, du musst diesen Sturm verlassen"!

Denn weiß ich ja auch um
das indianische Sprichwort;
"Ein totes Pferd reitet nicht"!
Und alles was offen ist, ist
nicht ganz dicht!

Scherz beiseite, also am Rande!
Ich muss wieder auf die Beine!
So komm ich wieder zustande!
Ich benötige Zeit um die innere
Unruhe wieder zu ordnen und
auch zu beruhigen!

Düstere Stunde

Ich wusste doch um die Erpressung
des Lebens, doch ich bin sie mit
vollem Bewusstsein und vollem
Risiko eingegangen!

Nun bekomme ich die Konsequenzen
des Lebens in voller Härte und
ohne jegliche Gnade!

So denke ich doch mittlerweile,
was vielleicht sehr depressiv und
düster klingt! Warum lohnt es sich
noch zu leben, wenn es doch alles
so hart und leidvoll zu ertragen ist
Wenn ich doch tagtäglich nur der
Funktion hier diene, des Systems und
des finanzielles Zweckes!

Wenn doch meine Vorstellungen,
meine Pläne und Ziele so oder so
unerreichbar scheinen und bleiben
Kann der Tod denn noch schlimmer sein,
als ein Leben in Qual zu leben, zu
fühlen, bis ans elendige dreckige
Verrecken in dieser Gesellschaft!?

Der Tod ist sicher kein Leid!
Auch ist er sicher keine Qual!
Kein ertragen vom elendigen Leben
in dieser Gesellschaft, denn es
ist das Leben mit und bei Gott!

Also denke ich gerade nach, kann
der Tod denn schlimmer, fürchterlicher
sein als die Gewissheit zu haben,
ein Leben lang unverstanden zu sein!?

Qual und Leid!
Hass und Schmerz!
Das Leben und ein Ausweg!?
Sag, welchen bietet es denn schon!?

Viele Menschen sind doch
egoistisch, verkommen!
Psychisch erkrankt bin ich!
Und!? Wen juckt es!?

Arbeitgeber ersetzen deine
Stelle in Null Komma nix!
Wenn man im Privatbereich und
in Freundeskreis nicht mehr
funktioniert und sich "verändert"
hat, dann ist man nur noch komisch!
Man soll doch lachen!

Das ach so herrlich lange
schöne finanzielle Sorgenkleid
Es in all seiner Pracht,
über den dreckigen Boden schweift!

Die Taschen sind vollgestopft,
so vollbeladen mit Problemen -
Die ich mit mir durchs Leben
schleppe, ich mich übernehme!

Kotzgefühl, Schwindel!
Frust, Hass, Ärger und
Aggression!
Es kotzt sich sogar schon
tot in mir, jede verkümmerliche
Depression!

Die letzte Wand

Mein Leben es ist
ein einziger Sturm
Getrieben so heimatlos,
durch Land und Zeit!

Tagtäglich verschlungen
im Kummer und der Traurigkeit!
Im Dunkeln verloren, wo
kein Licht mehr scheint!

Ich durchlebe gerade
meine härteste Zeit!
Doch bei Leben und Tod -
Es geht alles vorbei!

Das ist mehr als nur
ein stummer Hilferuf!
Das ist ein Hilfeschrei!
Doch AUS/AUS, Spiel um
die Zeit ist vorbei!

Ich bin innerlich am Ende
langsam aber sicher angelangt!
Dem Tod schon immer näher!
Wann kommt die letzte Wand!?

Wo sind die Flügel die mich retten?
Wo ist das Licht, welches doch
noch für mich scheint!?
Dieses Leben, diese Menschen,

diese Gesellschaft, sei treiben
mich bis ans Ende meiner
verdammten Belastbarkeit!

Schmer der so unerträglich drückt!
Ist Salz erst in der Wunde -
So gibt es kein Zurück!

Auf ewiger Suche nach dem Seelenheil

Auf ewiger Suche nach
meinem Seelenheil
Geschunden der Wegstrecke,
gestolpert, gespießt an manch
spitzem Ast -
Ich gehe meines Weges entlang
mit schwerem Gepäck und der
schweren Last!

Für viele bin ich
unverständlich, unbegreiflich!
Und um dessen Schwere, leide ich
und ich weiß es!

Doch ist es Qual eines Dichters,
eines Denkers, des Schreiberlings -
des Autors - um jeden nicht
verfassten und so stillschweigenden
Worts!

Kann noch kommen, was da
wohl noch kommen will!?
Habe ich doch nie nach der
Poesie gefragt!
Aber, aber -
Mich zu nah an die Lyrik
meines Lebens, an die Sprache
zu nah ran gewagt!

Unwohlsein

An manchen Tagen ist es
schaurig, traurig um
mich bestellt!
Innerlich verloren, nun
scheint es noch, dass das
Dach der Welt über mir einfällt!

Halt zu suchen
Nach Halt zu greifen
In einer - meiner -
Haltlosigkeit!
Da verliere ich mich doch
so sehr in Gedanken und
meinem gefühlten Leid seit
Ewigkeit!

Ich verspüre so ein
Unwohlsein!
Ein Stechen deutlich
hier auf meiner Brust!

Gefühl der Ordnung
Und Gefühl der Sorgfalt,
wir mir allmählich aber
sicher zum Verlust!

Schwere im Raum

Momentan fühle ich mich,
als wäre ich von der Bahn gerutscht!
Das Leben geht weiter,
die Zeit vergeht
Ich fühle mich wie 1000-mal
durchgekaut und ausgelutscht!

Mein innerlicher Gefühlszustand,
meine Befürchtung, dass man diesen
von außen schon lesen kann!
Ich fühle mich so unwohl und ich
komme nicht aus diesem Elend heraus!

Ich sitze zu dem am Arbeitsplatz,
der alles andere als zufriedenstellend
ist!
Hier gibt's Konflikte und auch
Scherereien!
Weil hier einfach nix geregelt ist!

Wenn das Innerliche mit einem
kämpft, soll man noch funktionieren
im Chaos, im Durcheinander!
Dort wo alles brennt und klemmt!
An einem Platz wo man das nächste
Schiff versenkt!

Wo private Sachen auf
beruflicher Ebene zusammenkrachen!
Da wird Schwere im Raum
hinterlassen!

Dort gelingt es keinen
klaren Gedanken mehr zu fassen!
Bleibt doch nur, diesen Ort
hier zu verlassen!

Makaber! I'm not in love!

Es ist eine seltsame Bindung!
Depression und ICH
In allem Übel und Untergang
Eine Selbstfindung!

Merkwürdiges Gespann!
Depression, ICH -
Papier und Stift, Schreibtherapie
gegen seelisches Leid,
gesellschaftliches Gift!

Es ist ein finsteres
Theater
I'm not in love with Depression!
Es ist makaber!

Bei allem was kam
und auch was schon ging
Du dreckiger DOWNFUCK bist
einfach immer da!

Unsere Verbundenheit wächst
auf ewigem Hass aufeinander!
Alles geht unter in der Sturmflut,
als ob nie was anderes da war!

Übles Kapitel, finsteres
Theater!
I'm not fucking in love with
Depression!
Es ist makaber!

Text-Blödelei

Meine Aggression
Düdel-düdel-düd
Und die Wut dabei
Düdel-düdel-düd
Schlagen gerade um
Düdel-düdel-düd
In Texte-Blödelei!
Düdel-düdel-düd
Ich wünschte mir gerade
Düdel-düdel-düd
Ich wäre ein bunter Papagei!
Düdel-düdel-düd

Ich wünschte mir ich wär'
ein sprachloses Gummibärchen!
Und dazu ein sorgloses Wesen,
in einem Fabel-Märchen!
Düdel-düdel-düd

Und ich wünschte ich könnte
ein wenig verblüffend zaubern!
Und in wortloser Stille,
ohne Pause plaudern!
Düdel-düdel-düd

Ich wünschte ich wär'
ein farbenfroher Paradiesvogel!
Denn dann wäre ich ins
Paradies geflogen, da würde
ich dann dort auch wohnen!
Düdel-düdel-düd

Diesen Text schrieb ich mir
vor der Arbeit für mein Gemüt!
Weil ich weiß, dass dort wieder
Sturm und Chaos durch den Tag zieht!
Düdel-düdel-düd

Geh zur Arbeit
mit erfüllter Freude!
Düdel-düdel-düd
Da findest du Freunde
fürs Leben
Düdel-düdel-düd
Ihnen darfst du täglich auch
Düdel-düdel-düd
Für viele Stunden dort begegnen!
Düdel-düdel-düd

Meine Aggression
Düdel-düdel-düd
Und die Wut dabei
Düdel-düdel-düd
Schlagen gerade um
Düdel-düdel-düd
In Texte-Blödelei!

Familienväter-Tragödien

So viele Männer sitzen abends
allein an der Bar mit einem Bier!
Ich schaue mich um, nun zähle ich
zu ihnen hier!

Wortlos, schweigend in Gedanken
So sitzen sie da und ich -
schaue in deren Gesicht, auch so
sitze ich da, den Unterschied
macht nur mein Zettel und Stift!

Wie viele Familienväter-Tragödien
sitzen denn wohl hier!?
Hey! Ich bin einer von euch!
Ich hebe das Glas Bier!

Verloren und gebrochen
des eigenes Weges!
Keine Reihe Gläser, kein noch
so tiefer Blick hinein widerlegt es!

Wir sind auf unserm Weg
unterwegs, so wie der einsame Wolf!
Ich bin Christian und begrüße nun
Roland, Achim, Stefan und Rolf!

So schaut sie also aus und so
schmeckt die bittere Wahrheit!?
Jedes Glas unterbindet Tränen,
Gedanken über Gedanken, doch keine
Klarheit!

Heimatmelodien

Hektik, Stress und Streit
Willkommen in dieser Zeit!
Gequälte Gesichter und Seelen
Mo"r"derne Heimatfilme, die
wir uns ansehen

Heimatmelodien
Tragödien die uns runterziehen!
Überfordert an jedem Reiz!
24-7 digitale Erreichbarkeit

Klänge der mo"r"dernen
Heimatmelodie
Armut, Schulden, Nöte
Psychotherapie!

Leasing, Mieten
Kredite und Leiharbeit
Kurz gebraucht, ausgedient
Ganz schnell verheizt!

Hauptberuflich, Nebenjobs
24-7-Schicht
Kinderganztagsbetreuung -
Produktiver geht es nicht!

Übergehen Krankheit regelrecht
Pillen fressen!
Pharmazeutische Mittel, YEAH!
Sie halten uns aufrecht!

Zeit fürs Leben
Zeit für Familie sein!?
Mangelware!
Wir dienen lediglich als
Massenware!

Produktivität
Umsatz steigern, Gewinn erzielen
Verbrannte Seelen -
Von ihnen gibt es so viele!

2021/2022

Gelitten, geblutet, Schmerzen gefühlt
Diese Welt, sie hat mich aufgewühlt!
Funktionieren um jeden Preis -
Ist es auch wund, des Körpers Fleisch!

Hauptsache Kosten werden gedeckt!
Hauptsache man leistet den Ertrag
Alles was hier zählt und wichtig ist -
Gemahnt, gedroht - es wird gezahlt!

Drauf geschissen,
auf das gesundheitliche Wohl!
Termine und Verpflichtungen
Zahltag! Los! Bezahle schon!

Sozialer Abgrund, sozialer Abstieg
Scheißegal wie und wodurch man reingeriet!
Seelisches Wrack und nix mehr geht!
Gedroht, gemahnt, leerer schwerer Abschied!

Rücksicht, Nächstenliebe -
Menschlichkeit!?
Diese Worte sind ein feuchter Furz!
Missraten, die gesellschaftliche Zeit!

Wohlstand und Armutsopfer
Steigende Preise, Wehmutstropfen!
Der Eine steigt und tritt -
Der Andere fällt, ein letzter Schritt!

Leben rustikale

Schädel wieder mal vollgedonnert -
Bis Anschlag - hinten gegen!
1000 Baustellen auf einmal,
so ist das ganze Leben!

Allein mit Sorgen und Problemen
Tagtäglich immerzu beladen!
Die Scheiße lässt nicht nach!
An keinem der Werktage!

Die Leine der Sorgen und
der Probleme reißt nicht ab!
Sie wird immer länger, vorbei
an allen Chancen -
Immer so scheiße-knapp!

Beschissene Arbeitsplätze
Wohnungswechsel verbessert?
Relativ!
Lottoeinsatz höher als
der Gewinn, das Leben
es ist mies!

Gesundheit sehr bescheiden
Psychische Erkrankung -Radikale-
Nerven liegen blank!
Leben ohne Gnade, Leben -rustikale-

Tückischer Muster

In diesen Momenten, in den
Augenblicken wo mal wieder
"Luft" ist
Wo ein Gefühl von Befreiung auch
spürbar ist
da überkommt mich immer und immer
wieder der Wille, innerliche Gedanke
"Von nun an nur noch Positives schreiben
zu wollen"!

Nur noch freudige Momente
beschreiben,
neue Kapitel beginnen,
neue Schreibbücher etc...
Ich erkenne nun, es ist ein
tückisches Muster der Krankheit
Depression!
Es ist wie ein Alkoholiker, der
beim letzten Glas Bier sagt;
"Das war das letzte Glas"!
"Jetzt höre ich auf"!
...
Bis zum nächsten Glas!

Ich sitze so da, lasse die Seele
baumeln, ich befinde mich in Gedanken
Kindlich sowohl auch Erwachsen
Wie dümmlich und naiv ich Dinge
doch damals in jungen Kindertagen sah!
Heute denke ich; "Vieles würde ich heute
nicht so tun, wie damals noch gemacht"!

ROTTEN WINE

It is such a fine line.
The taste like rotten wine!

The pain and sadness
that your scars bring you
The battlefield long ago
entered with the last sparks of love you wear!

Fine is the ridge
Damned! I swear!
So I have to live in the hatred
To protect what I love!
In tears, I still somehow
Try to laugh!

So many ways there are,
but I can't seem to find mine!
It is and remains the narrow ridge
The taste of rotten wine!

The clouds above me are
long dead
The life has been sucked out of them!
No light that shines anymore
This darkness in me, now and then!

My life is like rotten wine!
My life is rotten wine!
The sweet drink mixed with poison!
This feeling is mine!

KAPITEL 3

DICHTER, DENKER, AUTOR

Winterstiefel

So sitze ich wieder an einem Abend
in Marburg, in aller Stille in
vorweihnachtlicher Dunkelheit und
höre wie die kleinen Kristalle des
Eisregens an die Fenster klopfen

Gedanken strahlen auf im
gedimmten Licht -
Hier im Stockwerk Nummer 7
hoch oben im Haus und noch oben
am Berg am Sachsenring

Draußen sind die Bäume des Waldes
nicht mehr zu sehen, so dunkel
schon die Aussicht da raus und ich
greife zu diesem Blatt Papier
und zum Stift, so trage ich all
meine Eindrücke auf dem Blatt hier aus

Wir schreiben Anfang Dezember
und Winterskälte
Gutgefütterte Mäntel und
Winterstiefel halten uns bei
Eis und frostigen Temperaturen
die Wärme

Die Lupe

Für das Begutachtungsstück -
Für geschärfte Sinne
Für einen explizit exakten Blick -
Ein Fall für die Lupe!

Für die Entdeckung eines
jeden Stückes vom Beweis
Detektivarbeit -
Für des Rätsels Lösung,
immer bereit!

Geschärft die Sinne
Die Augen durchs Hilfsglas
geschaut
Alles im Verborgenem
wird nun an dieser Stelle
klar beschaut

Gefundene Gegenstände

Gefundene Steine die mir
Zeichen zeigen, weil ich an
Zeichen doch glaube -
Ob fremde Münze oder sonstige
Dinge, ich bewahre sie auf

Ich schreibe über sie Texte
Ich beschreibe sie selbst, ich
teile die Geschichten mit dieser
Welt
Und ich denke und hoffe, dass
es den Menschen gefällt

Auf wundersame Weise fallen mir
Dinge in den Blick, sie lassen mich
nachdenken wie über verlorenes Glück
Ich trete ihnen näher, um jedes Stück

Gefundene Gegenstände bewahre ich auf
Vor allem die Gedanken und auch
die Momente, die sie hervorbringen
Nie war ich auf Schatzsuche, doch ich
kann von ihr nun schon ein Liedchen singen

Der Fund der "Wundertätigen Medaille"
Oder bemalte Steine von Kindern, die
am Wegesrande liegen -
Steine mit prägenden Formen, sie sind
von der Zeit einfach nur liegen geblieben

Und ich befasse mich mit so vielem
aus diesem Leben
Ich kann gar nicht anders als, mir
einen Stift und Blatt Papier zum
Beschreiben nehmen

So verfasse ich Texte aus
jeglichen Momenten und ich hoffe
und bete, möge sich alles doch
ins Gute wenden

Während des Waschvorgangs

Während des Waschvorgangs, wo in
der Waschmaschine meine Wäsche läuft
und diese gewaschen wird, in dieser
Zeit schreibe ich diesen Waschvorgangstext,
in diesen Momenten, wo meine Wäsche in der
Waschmaschine schäumt

SO wendet die Waschmaschine
Strom und Wasser für den Waschvorgang
auf und während dessen verzeichnet sich
bei mir auf dem Papier wieder ein
Tintenverlauf

In jeder Sekunde der Minute und
die Minute jener Stunde, so verwende
ich doch allzu gern die Feder und
Papier für neue Gedankenflüsse,
wenn man es also so nennen möchte, ist
es während des Waschvorgangs auch ein
vor mir ausgeführter Gedankengang

So schreibe ich doch gern, immer
und zu jeder Zeit
Papier und Stift dabei -
Allzeit bereit
Und während sich die Trommel der
Maschine dreht, sich auf dem
Papier mein Stift in der Hand
stetig fortbewegt

Die Trommel im Gleichlauf, meine
Hand aber sie schwingt hin und her
Zeile für Zeile, so gibt die Feder
ihre Tinte für mich her
So verschreibe ich hier schon
15 Minuten der gesamten Waschvorgangszeit
Einen weiteren Text zur baldigen Lesung,
festgeschrieben steht er bereit

Noch einmal in den Treppenhausaufzug
Die Fahrt geht hinunter in den
Kellerbereich, Wäsche aus der
Waschmaschine in den Wäschekorb -
Wieder mit dem Aufzug rauf
in den Wohnungsbereich

Ja so ein mehrstöckiges
Mehrfamilienhaus, es weist doch
mehrere Treppen, Wege und
Begehungsmöglichkeiten auf
Des Aufzugs feste Route aber ist,
entweder runter oder rauf
Elfstöckiger Wohnkomplex, in
diesem Gebäude Aufzugfahrt oder
sportlicher Dauerlauf

Bei der Ordnung

Es heißt doch immer;
"Kleider machen Leute"
Ein uralter, eingeprägter
Leitsatz von damals -
So verwendet man ihn auch noch heute

Was verbinde ich mit
des Menschen Kleidung die er trägt,
mit diesen Gedanken mich befassen -
So entsteht der Text bedacht, gewählt

Mantel, Schal und Hut
Haare gleichmäßig geschnitten
Ein fein zuvorkommender Herr -
So erscheint er mir inmitten
des Moments, in dieser Strophe
Ausgewählt und ordentlich,
so scheint mir seine Garderobe

Ein etwas jüngerer Mann mit
Sporttrikot und Jogginghose
In der Hand einen Energydrink
in einer Einwegpfand-Dose

Wohin ich auch schaue,
Markenkleidung, Trademarks -
"NO NAMES" auch dabei -
Kleider machen Leute, ein
Leitsatz von damals schon,
bis heute

Doch für mich aber,
ist entscheidend der Blick
Bei all der Ordnung, wie
ist der Mensch gestrickt!?

Was trägt der Mensch unter
seiner Kleidung, unter
der äußeren Erscheinung,
betrachten wir einander nur
der Kleidung!?

Was aber steckt wirklich,
in Wahrheit unter all den Fassaden?
Menschenhaut, Menschenseele, Gefühle
Risse, erlebte Momente - Narben!?

Die Kleidung bedeckt doch lediglich
nur unser aller Haut!
Doch das tiefe Innere von uns, es
selten doch nur an der Oberfläche
schaut!

Was wir doch in Wahrheit auf
Herz und Seele verzeichnen,
bedeckt und überlegt unser
tagtäglich Bekleiden!

So lehrt es mir und macht
mich frei -
Kleidung sagt etwas aus, aber
wie viel zur Wahrheit, sag mir -
trägt sie denn wirklich bei!?

Gleichbleibend

Unermüdlich -
Ohne zu murren
Ohne zu schnurren
So ticken die Zeiger
verlässlich auf den Uhren

Auf unsere tickende
Lebenszeit ist Verlass!
Solange die Batterie der Uhr,
hat für Strom noch dne Saft!

Gleichmäßig -
Gleichbleibend
So dreht der Zeiger
seine Runden
Im Ermessen der Zeit
für uns:
Sekunden, Minuten und
Stunden

Arbeitszeit, Freizeit
Laufzeit, Verweilzeit
Auch berechnet sie -
Strecke und Geschwindigkeit

Sie ist doch immer und
überall gleichbleibend schnell
Erscheint sie uns auch manches Mal,
zu langsam oder wie im Flug zu schnell!

Sie ist bestimmend, doch
auch ist sie vertreibend
Sie ist Empfinden und Ermessen -
Aber daran gibts nichts zu rütteln,
sie ist immer doch gleichbleibend!

60 Sekundenschläge -
In einer Minute
60 Minutenlänge -
In einer Stunde

24 Stunden -
Umfasst die Zeit den Tag
Morgens, mittags, abends -
Das Leben lang und
Tag für Tag

In der Bäckerei

Zum Texteschreiben sitze ich hier
in dieser Feinbäckerei
Ich schaue auf die Ladentheke
und es lachen, zu mir herüber
all die feinen süßen Leckereien

Meine Tasse Kaffee und in der
Hand mein Stift
Diese leckeren kleinen Süßigkeiten,
lenken mich ab bei meiner Niederschrift

Eigentlich möchte ich
einen Text verfassen
Doch Inhalt ergibt sich
keiner denn,
abgelenkt auch von dem Duft,
kann ich die Blicke nicht
von all den süßen
Leckereien lassen!

So sitze ich in dieser Bäckerei
Eigentlich zur Texteschreiberei
Doch mir entfallen jegliche Worte
Poesiezauber bei all den Leckereien

Puderzuckerteilchen, Sahneschnitten
Ringelkuchen, Donuts -
Die mich allesamt doch wahrlich
ins Straucheln bringen
Croissaints mit Nuss-Nougatcreme
oder Marmelade leckergefüllt

Kleine Törtchen
Marzipan- und Puddingteilchen
Ach so leckere Aussichten,
so viele Leckereien
mit Schokolade und Zuckerglasur
verziert und umhüllt

In die Jahre gekommen

Nächte durchzumachen, sie sind
nicht mehr mein Ding!
So ändern sich die Zeiten und es
zeigt, dass ich einfach nur
älter geworden bin!
Die spielen immer noch die alten
und vertrauten Lieder,
die spielten sie schon vor 20
Jahren! Manches ändert sich nie!

Ich bin einfach in die Jahre
gekommen und bin keine 17 mehr!
Mittlerweile schon das Doppelte!
Dies zu glauben aber, fällt
mir manchmal richtig schwer!
Damals weiß ich noch, da
machten wir die Nacht zum Tag!
Heute, heute ist es anders, denn
heute bevorzuge ich meinen Schlaf!

Heute sitz ich lieber in Cafés,
lese, auf Bühnen meine Texte vor
Die langen durchgemachten Nächte,
erscheinen mir heute, als Hardcore!

Heute beschaue ich viel lieber
Städte, schreibe Eindrücke nieder
auf Papier
Musik sie begleitet mich auf Schritt
und Tritt, Zettel und Stift -
Immer doch bei mir!

Gardinenstange

Inhaltslose Gespräche und eine
kurze Angebundenheit
Rede und Antwort stehen, immer
und zu jeder Zeit!?

Was liegt in der Luft?
Welches Mittel um welchen Preis!?
Konfrontation, das Leben es
zieht seinen Kreis

Stetig vorwärts gehen
um zurückzudenken!?
Auf ewig etwas aufbewahren, um
es niemals zu verschwenden!

Logik, Benennung
Konzept?
Geschmack für den Hintern!
Ein Klo-Rezept!

Ein Cola-Bier oder doch
eine Flasche vom Wein!?
Hey Junge! Hallo der Herr!
Sag schon, was darf es sein!?

Nachtschwarz oder doch
schönes Himmelblau!?
Rosige Aussicht oder doch
alles so mausgrau!?

Heiliger Grahl oder

goldene Gardinenstange!?
AN-AUS/STOPP-PAUSE -
Auf das Kurze nehme ich es lange!

Wortlos
Einfach mal Bilder sprechen lassen
Schwer zu glauben,
schlichtweg einfach nicht zu fassen!

Getränkeabteilung

Das folgende beschriebene
Ereignis fand
an einem Freitagmorgen statt

Beladen war ich mit
Kummer und wie auch
anders mit Alltagssorgen,
die man halt so hat!

Gestauter Frust
Ärger aus der Arbeitswoche
angesammelt!
Und am morgigen Samstag, "da
darf ich nochmal zur
Arbeit stammeln"!

So lief ich also im
Lebensmittelmarkt durch
die Getränkeabteilung und ich
dachte ich wäre allein,
zu sehen war keine Menschenseele,
so stimmt ich mit gehaltener
Flasche als Mikro, mein Lied
aus den Gedanken ein!

Voll im Rausch, im Moment
des Liedes war ich wahrlich drin
Ich sang für gute Laune und gegen
all die Sorgen vor mich hin!

Plötzlich erhörte ich
eine Stimme, seltsam, wie
über mir!
Ich schaute ins Regal also
über mir!
Dort war ein Mitarbeiter, der
Flaschen einräumte, sagte zu mir
"Morgen"

Ich war vertieft in mein
gesungenes Lied,
das Mikro in der Hand, ich
dachte, ich sei auf der Bühne!

Ich begann zu lachen und
sagte schließlich "Morgen"
auch zurück
Und als er grinste führte ich
an; "Ich singe für die gute Laune
am Tag, die ich mir selber bringe,
denn sonst ist der Tag verloren!

Leise, fast stumm
So nickte er mir zu
Stummelte "stimmt"!
So begann mit einem Lachen,
dieser Freitagmorgen!

Die Kellerwohnung

Welch ein verrücktes
Wochenende,
denn der Wahnsinn,
ja - er kennt kein Ende!

Wieder ein Text
aus meinem Leben,
so hat es sich zugetragen

Beim Auszug aus der
Kellerwohnung, sollte ich zwecks
des Besuchs zur Besichtigung
eventuelle Nachmieter suchen
und auch einladen!

An diesem Freitagnachmittag
kündigten sich an,
zwei junge Damen!
Diese wohl Interesse an
der Kellerwohnung haben!

Die Beiden erschienen um
17 Uhr, somit zur besagten Zeit!
Wie abgemacht, erfreut -
So haben sie sich noch zunächst
gezeigt!

Als ich die Türe dann öffnete
und die Beiden vorstießen,
konnte ich sehen wie ihre Freude
entwich, diese zu Boden stürzte
auf die kalten Fliesen

Die Freude,
sie war entwichen
Die Beiden waren regelrecht
ganz wortlos verstummt

Lächelnd sagte ich; „Naja -
schön ist anders, darum ziehe
ich auch nach einem Jahr
Aufenthalt hier um"!

Wir kamen also ins Gespräch
Wir machten Scherze,
wir lachten, wir
sagten und dachten -
Hier freut sich wohl sehr,
der Nächste!

Die Räume sind allesamt
mit Fliesen ausgelegt!
Eine alte Kellerwohnung, in
der es sich halt etwas
ungemütlich lebt!

Die Damen lachten,
grinsten, wir hatten einen
Heidenspaß!
Wir haben Meinungen geteilt,

Witze ausgetauscht -
Der Einzug hatte sich erledigt,
das wars!

Auch ich bin sehr froh,
nach diesem Jahr das Weite
gefunden zu haben!
Und auch die Bilder dieser
Kellerunterkunft, die auf den
sozialen Netzwerken für
Kommentare gesorgt haben

Da laß ich beispielsweise;
"Für solch eine Absteige
300,-Euro! Und wo soll
man dort leben"!?

Ja ich konnte es verstehen
Sein ganzes Erregen!
Naja, guter Mann, ich war
bloß zum Schlafen in der
Wohnung, so man das mal ein
Jahr aushalten kann!

Aber ja, als dauerhafte
"Bleibe" ist es in der Tag
wirklich nicht geeignet!
So verstehe ich also diesen
Kommentar, er die Bilder also
nicht geliket!

Am nächsten Tag,
den Samstagmorgen an
dem ich zur Arbeit
fahren muss,
so schrieb ich vorher diesen
Text, um den Tatbestand
festzuhalten dafür,
dass ich mal lachen kann,
wenn ich eigentlich heulen muss!

'Gong'

Ein herrlich schöner
frischer Herbstmorgen
Beim Durchqueren der Straßen,
höre ich wie die Glocken läuten

Ein jener 'Gong', der doch
so mystisch, episch erklingt,
wenn man diesen imposanten
Steinklotz noch dabei
begutachtet und bestaunt

Kirchen wirkten
auf mich schon als Kind
so unheimlich irgendwie!
Verbunden mit dem Tod,
trotz der Farben jener Fenster
die dort verbaut sind!

Ich bin kein Kirchengänger
Doch ich trage Gott im Herzen
jeder Zeit
Ich muss sonntags nicht die
Bankreihe besetzen,
ich danke Gott für täglich
Brot und bete bis ans
Ende meiner Zeit

Die Prüfungsstille

Diese geisterhafte Stille
im Raum so bedrückend,
fast bedrohlich, die Prüfung
sie ist in Gange!

Zwei Teilnehmer erschienen
zu spät, sitzen nun vor der
Eingangstüre, so wie die
Hühner auf der Stange!

10:00 Uhr war Beginn
Dies stand unverkennbar,
eindeutig lesbar im
Einladungsschreiben drin!

9:00 Uhr Vor Ort sein
Als Hinweis noch bei!
10:30 Uhr standen sie da,
die Teilnehmer, die Prüflinge
die Zwei!

Und einer sitzt auf dem Gestein
direkt neben der Tür
Wirft ständig Blicke hinein, doch
für die Teilnahme ist lange schon
zu spät dafür!

So sehe ich die Beiden, wie sie
sich auf- und ab bewegen
Hier drinnen müssten sie sitzen,
doch die Uhrzeit spricht dagegen!

"Zu spät kommen", so dachten sie
wohl, sei gewiss kein Problem!
Prüfung als Art Wunschkonzert, so
sie es vielleicht ansehen!

So bringt dieser Samstag,
doch auch bei der Arbeit
wieder witzige Momente und
auch Lustigkeit!

Und während ich hier sitze
und dies schreib'
Auf der Tür die Nummer des
Büros, auf die einer der
beiden Prüflinge nun zeigt!

Doch der Mann aus dem Büro,
sitzt leider hier derzeit
Denn er hat Prüfungsaufsicht,
kann nix tun, es tut mir leid!

So weiß ich auch heute schon,
am Montag erscheinen die Beiden
im Büro um sich der Reklamation
des Fehlens zu zeigen!

Und mittendrin, wie soll es
auch anders sein!?
Es klingelt und vibriert ein
Handy!
Die idyllische Ruhe ist gestört,
für einen Augenblick - allgemein!

So kommt selbst in solch einer
verpflichtenden Stille und Ruhe
Lustigkeit und Heiterkeit, da
bleibt einem zu lachen nur!

Während alle fleißig ihre
Prüfung schreiben und ihre
Kreuzchen setzen, muss ich zur
Verarbeitung des Lachens, diese
Zeilen für mich texten!

Die deutsche Telekommunikation

Meine Schilderung
der Problemsituation,
bei der deutschen
Telekommunikation

Wie es nun mal so üblich ist,
müssen bei jedem Umzug, auch
die Technik - somit die Anschlüsse
und Gerätschaften funktionieren!

Und da bin ich schon beim Thema,
denn ich muss reklamieren!
Ich rief bei der Kundenservice-Hotline
an, Problem geschildert und ich dachte
gutgläubig; "Problem erkannt, Problem
gebannt"!

Von wegen!
Denkst nur du!
Weiterverbunden an den
Technik-Service, ich blieb dran

So ging es also weiter,
munter bunte Heiterkeit
Auf meine Kosten geht der Anruf,
in der langen Warteschleife!

"Wir kümmern uns drum, wir
kümmern uns drum" - Dies bekam ich
zumindest zu hören! Es verging eine
längere Zeit, bis zum nächsten Telefonat!

Kundenhotline oder der
Technische-Service, alle vertrösteten
mich mit; "Das Problem liegt beim
Telekommunikationsdienst, nicht bei uns
den Anbieter", dies erfuhr ich!

Jedes Mal so hatte ich einen
anderen Sachbearbeiter in der Leitung
Keiner war wirklich zuständig, doch
dies half mir nicht wirklich weiter!

Tage und Wochen vergehen, ohne
sich zu regen oder zu krähen!
Ich habe die Faxen langsam aber dicke!
Willkommen in der Warteschleife erneut -
Beim Telekommunikationsdienst an der
Strippe!

Weihnachtsgrüße

Ich wünsche eine schöne
besinnliche und angenehme
Weihnachtszeit
Dazu eine winterliche, schöne
Reise hinein ins nächste Jahr,
dafür machen wir uns bereit

Frohe Weihnachten und einen
guten Rutsch ins neue Jahr -
Nach Knecht Ruprecht und dem Christkind,
kommen bald noch Caspar, Melchior
und auch Balthasar!

Auch Rudolf mit seiner roten Nase,
den Ich zu erwähnen nicht vergessen mag
An des Nikolaus Schlitten er angespannt
ist, wie alle Jahre wieder
zur Weihnachtsfahrt

Zur Weihnachtszeit und über diese
noch hinaus, so möchte ich Freude
senden, soll verteilen sich im ganzen
Haus, soll Herz und Seel' doch Wärme
spenden

Freude die wir Menschen uns
doch machen,
entstehen mit solch Kleinigkeiten
wie - diese Worte zu verfassen

Dezemberkälte

Die Tage im Kalender,
sie nehmen ab
So auch fällt von den Bäumen,
bald das letzte Blatt

Der letzte Monat des Jahres
ist gekommen und zieht durchs
Wintergemälde,
Forst und Eis und auch Schnee,
der Herbst geht in der
Dezemberkälte

Kleine Kristalle,
die fallen auf den frostigen
Grund -
Daraus doch Schneeflocken
bestehen,
atemberaubend in ihrem Gefüge,
herrlich und einzigartig sind
diese doch anzusehen

Gefroren in aller Pracht,
wirbeln sie durch den Wind
vom Winterwetter
Die Kristalle sie schmelzen
zu Wasser am Grund jener Stelle

Lichtersterne

Eine neue Episode, ein
neuer Zeitabschnitt
Von dem was jetzt vorbei ist,
kommt nichts mehr zurück

Ich schaue in die Ferne -
In die Weite all der Sterne

Bei all den flackernden Lichtern,
so denke ich -
Leuchtet doch auch irgendwo dort
oben, mein Lebenslicht!?

Vielleicht, so hoffe ich und
wünsche mir, dass meine Träume
in Erfüllung gehen

Welch Wunsch und welcher Zauber,
dieser entfernten, unendlichen und
geheimnisvollen Weite -
Ich sehe all die Lichtersterne, auf
des Horizontes Warte, von jener Seite

Wo kein Veilchen mehr wächst

Rau ist das Welt-Klima
Auf die Wiesen von Veilchen und Mohn,
setzen wir Beton und erhoffen uns
auf diesem Fundament auch
erbringenden Lohn!

Wir beackern den Acker von
Muttererde mit Asphalt, Teer und
mit Plastikgesteck!
Nehmen uns Lebensraum und auch die
Tiere sie, leben und verenden im
Schadstoff-Dreck!

Wo kein Veilchen mehr wächst
Wo kein Alder mehr fliegt
Wo kein Mensch mehr atmen kann,
weil Betonlandschaft blüht!

Wo schlechte Luft und auch
hohe Ozonwerte sind -
Da wird es zu leben schwer, gar
unmöglich
Ich bitte um eure Vernunft,
beim Menschenskind!

Es hagelt nicht nur Verderb
für Saat und dessen Frucht
Auch Krieg und Terror -
Leid und Verdruss!

Der Mensch, er greift
Und er greift -
Er greift so gierig nach!
Nach mir die Sintflut!
Wir leben im übersättigtem
Konsummissbrauchs-Genuss!

Die Medien, diese prahlen
mit all ihren Konsumgütern!
"Du musst sie haben"!
Und wir, wir kaufen und kaufen,
ohne nachzudenken und ohne
jemals zu hinterfragen!

Sonne und Mond

Sonne und Mond
einander nicht berühren
Einander nicht spüren
Sie sich niemals einander sehen
sie sich niemals verführen
Tage und Nächte die,
die Beiden bewohnen

Menschliches Leben
es entsteht
Freude die trägt,
Leben vergeht
Die Trauer kommt - bleibt -
Bleibt nicht bestehen
Sie aber niemals mehr
ganz verweht

Menschen-Geschichten
die von Leben berichten
Erlebnisse die sich wiederholen
Mit neuem Leben in altbekannten
Mustern und Episoden
Träume am Tag
Schlaflos in der Nacht
Der Dichter er dichtet
Im Dunkeln er auch wacht

Ein neuer Morgen
Mittag
Nachmittag
und gute Nacht!

Gedankennichts

Zurück auf dem Weg des Lichts
Raus aus der Dunkelheit und auch
raus aus dem Gedankennichts!

Wieder auf der Spur des Lebens,
endlich doch sich wieder befinden!
Wo im Sonnenschein die grauen Wolken
und Nebeldecken dann verschwinden!
Ein getragenes Lächeln durch den Tag
Durch die Räume, durch alle Wände und
auch durch alle Flure
Das freundliche Strahlen durchflutet
und hinterlässt seine wohlbefindlichen
Spuren

Doch tief verborgen und nichtzeigend
Und ohne Aufmerksamkeit zu erregen
So lebe ich, manchmal schmerzt es auf
Seele und Herz und hält an wie ein
kräftiger Dauerregen
In dem Moment gerade jetzt und
gerade hier will ich bleiben, weil
so verträglich scheint
Wo Trauer und Sonne sich wieder vereinen

Der Schmerz und die Kälte
So rau und so grob
Ausgerissen, dort spendet
die Sonne den Trost
der so nötig erscheint wie ein
Wärmekissen

Berauschend und Zauberei

Wie die Geister mit den
Schatten tanzen, sowie die Sterne
im Licht des Mondes -
So beeindruckend, imposant, wie
eine geheimnisvolle unbekannte
neue Welt

So sind auch Erinnerungen die
aufleuchten, welche tief im Dunkeln
doch begraben sind und Begegnungen
im Leben, begeisternd, geheimnisvoll
fremd-geschaffen sie doch ein
gemeinsames, wie niemals entwendetes
Fundament

So fremd und doch seltsam vertraut
wie ein Funken der überspringt,
wie ein Kribbeln, ein Signal im Innern
und äußerlich die Gänsehaut

Bewegung im Universum so starr,
linear und doch so frei in aller
Schwingung unendlich, unbegreiflich
so unfassbar!

So sind Begegnungen verblüffend,
nicht zu erklären trotz so vieler
Worte die wir kennen und beschreiben,
sie können es nicht deuten, nicht in
Versen, nicht in Zeilen

Unfassbar, unsagbar, belebend
Lebensgefühl!
Wie Wärme und Kälte zugleich,
so heiß-kühl!

Verblüffend, mystisch
atemberaubend, berauschend
fast gar schon wie eine
Art Zauberei!

Dies alles ist nicht zu verstehen,
nicht zu begreifen, wenn man es
nicht fühlt, nicht spürt -
Wenn einen dieses Leben, diese Magie
niemals erreicht, niemals berührt!

Wenn Herz und Seele neue
Eindrücke, magische Momente
erleben und wahrnehmen, ist
in allem Verdruss, noch längst
nicht die letzte Hoffnung vertan,
sie ist nicht vergeben!

Einsamer Stein

Wie ein einsamer Stein
am Meeresstrand,
so scheint der dort zu liegen -
Wie verloren im Sand
Doch der Distanz so glücklich,
weil er seinen Abstand fand!

Das Meeresrauschen eine
frische Welle bringt
Welche einsam sanft
"Aloha" singt!

Abendsonne die am
Horizont versinkt
Frei liegt der Stein am
Meeresstrand, weil ihn dort
zu liegen, kein Felsen zwingt!

Beruhigend still, so liegt
er da -
Im Schatten dann,
ganz unscheinbar!

Wie wunderbar, wie wunderbar!
Ich wünschte ich wäre
an der Stelle des
einsamen Steines da!

Meeressehnsucht

Ein warmer Tee am
kalten Wintermorgen
So wärmend, so wohltuend, wie
die ruhige See bei Ebbe ruhend!

So kommen doch im
winterlichen Dezember-Monat
zum Vergleich,
mir sommerliche Züge,
Meeressehnsucht!
Diese durch meine Gedanken
mir streicht!

Auf warme sanfte Sommerwinde,
auf diese ich mich wieder freu'
Nächsten Sommer, an den
ich doch schon denke heut'

Wenn die kahlen Äste
all der Bäume wieder sind grün,
dann erwachen Träume,
die wie saftig rote Rosen blüh'n!

Straßenbotschaften
(Aus Marburg)

Straßenbotschaften an
den Straßenlampen
Sticker und Plakate an
all den Straßenrändern,
die ich erblickte und dort fand

NAZIS RAUS!
FCKAFD!
HansaFans-Hessen
UF97-SGE

Botschaften von Menschen,
wohin ich auch geh',
wo ich auch steh',
wohin ich nur seh'!

SPOK
STADT,LAND,VOLK -
RECHTE NETZWERKE
BEKÄMPFEN ÜBERALL!!!

APPD
Gesundheit als Ware?
DKP

OPENFLAIR-FESTIVAL
THE HOOKIES-Amsterdam
SPIELPLÄTZE STATT PARKPLÄTZE!
Grüße der Metal-Horns EMP!

NBU BEMBEL SUPPORTERS!
Künstler, Akteure und Sportler!
ANTIFASCHISTISCHE SCHABERNACK-
AKTION!
KLIMASCHUTZ STATT KOHLESCHMUTZ-
große Mission!

H96 - S04 - BVB
Sticker am Mast der Schilder
von all den Straßennamen
Botschaften aus den Straßen:
Aus Marburg an der Lahn!

ABZ - KFZ - EDZ
BISTRO UND WASCHSALON
"WASCHBRETT"
NICVD - VOTE Jetzt!
ONETPE - Straßennetz!

ANTIFA-AREA!
REUE UND TRAUM
COMMANDO GIESSEN
EXIT COAL!

Unterwegs-Souvenir
(PARKZETTEL)

Stadtbefahrene Straßen
im Lichternetz, da war
ich unterwegs!
Autofahren dabei Musik hören,
leichter zu leben -
Ja, so geht's!

Ich parke unter der
Autobahnbrücke, am
Bahnhofsparkplatz dieser Stadt
Laufe dann ein paar Schritte
spazieren, weil ich wieder etwas
Neues zu texten hab'!

23.11.21 Unterwegs-Souvenir
"PARKZETTEL 17 Uhr, Minuten 50+4
Weil mir nix besseres gerade einfällt,
schreibe ich dies mal zu Papier!

Ein Text aus Marburg an der Lahn
Neue Ideen, sie sind der Plan!
Vielleicht schreibe ich hier
totalen Unsinn, doch festgehalten
wird es in einem Buch von mir!

Ein Unterwegs-Souvenir
Direkt aus Marburg -
Dies gibt es hier!

Manchmal muss ein
Dichter, Denker, Autor -
Auch mal Mist verzapfen!
Schließlich ist jeder mal
dabei, auch in den tiefen
Dreck zu stapfen!

Unterwegs-Souvenir
(RABATTMARKE VOM WC)

Ich war unterwegs und machte
mir Gedanken, sehr viele sogar!
Während ich so durch all die Straßen
fuhr und lief -
Da drückte etwas in mir! Plötzlich,
aber betonend und bestimmend!

Ich dachte es wäre eine neue
fulminante Eingebung, wie ich
sie zuvor noch nie erlebte, doch
ich wurde auf den Boden der
Tatsachen zurückgeholt!

Denn in mir drückte etwas!
Es wollte raus!
Aber kein Gedanke und auch
keine Idee!
Stattdessen mehr so Körperhälfte
abwärts dazu in flüssiger Form!
Denn es hat sich wohl aufgestaut
und drückt nun zum Ablass!

ich muss zum Pissoir!
Dort angekommen, konnte ich den
Druck dann, in das vorgesehene
Ventil ablassen!
Und während ich das Ventil öffnete,

hörte ich ein "Krächzen",
ein regelrechtes "Grunzen", ja
ein "Stöhnen" vernahm ich sogar!

Hinter einer rotgekennzeichneten
WC-Tür für Herren, diese Person
hatte wohl noch einen etwas anderen
Druck wie ich!

Und es klang gar fast so,
als würde dort kämpfen!
Als wäre er in einem Gefecht und
würde einen harten Fight austragen!

Wo mir dann folgende
Zeilen durch den Kopf schossen,
weil das Ventil in allen Bereichen
des Bahnhof-WCs bereits geöffnet war!

"Druck -
Ja, Druck im Grenzbereich,
dieser ist schon sehr kritisch,
man ist gefordert zu handeln!
Sofort! Im Moment zugleich"!

Sekundengemenge und
Strapazen des Vorgangs,
können fatale Folgen haben
Denn der Grenzbereich hat nur
wenig Spiel!
Und kann dadurch Konsequenzen
mit sich tragen!

Aber ist ja nochmal alles,
scheinbar, hörbar - gutgegangen!
Im Grenzbereich sollte man keine
Zeit verschwenden oder vergammeln!

Die Geräuschkulisse bestätigt
den Vorgang, den Zustand des
Fortschritts!
Gut, dass man rechtzeitig beim
WC vor Ort da ist!

Und siehe da, siehe hier
Ich habe noch ein Erinnerungs-
Souvenir!
Einen Wertcoupon!
"MEIN EINKAUFSBAHNHOF"
50 CENT RABATT!
So hole ich mir doch etwas
Zutrinken und mache die nächste
Flasche platt!

Ich blühe in Lyrik

Das Schreiben, die Poesie
Die Literatur, die Musik
Die Sprache, all die Verse
Ich blühe in Lyrik

Reime und Zeile,
die Flügel ich schwinge
Lebensgefühl in wahrer Fülle,
wenn ich texte, wenn ich singe!

Wenn ich Zeit habe,
um die Zeit zu vergessen
So bin ich glücklich, wahrhaftig -
Weil ich dann texte!

Im Alltag, in Einsamkeit
Da bin ich am Ertrinken!
Weil die Zeilen kann ich nicht teilen!
Die schönsten Gedichte,
dort einfach nichts bringen!

Wahrhaft ist es leidvoll!
So unsagbar traurigschön!
Für eine Zeit -ZEITLOS-
durch lyrische Gänge im Innern zu gehen!

Wo Träume den Ursprung erleben
Wo Ziele münden und fließen
Da braucht es keinerlei unnötige Worte
Tränen, ich traurigschön dort vergieße!

Etwas andere Laternen leuchten
(Heiterkeit)

Ich sauf allein zu Hause
Zu Haus' sauf ich allein!
ich knipse aus die Laternen,
die Laternen knips' ich mir aus!

Das Licht geht aus!
Weil ich mich besauf!
Rabimmel, Rabammel
Rabumm!
Die Laterne knips' ich aus
Bin hackevoll und blau
Rabimmel, Rabammel,
Rabumm!

Ich besauf mich in meinem Zimmer!
In meinem Zimmer besaufe ich mich!
Ich saufe so viel wie immer!
Wie immer, besaufe ich mich!

Das Licht geht aus!
Das Karussell dreht sich!
Rabimmel, Rabammel,
Rabumm - Bumm - Bumm!

In jedem Wort

In jedem Wort,
steckt auch ein Ort
Ein Zuhause -
oder die Ferne,
denn es bindet oder
treibt hinfort!

Dort!
Im Wort,
ist mein Ort!
Ich laufe fort!

Ich mache meiner
Heimat Benennung,
Ortung!
Ich lebe im Wort,
es ist völlig in
Ordnung!

Sparschweinchen

Das arme Sparschweinchen
es fällt bald von den Rippen
Treusorgend und so mühsam,
wurde es doch einst genährt

Vaterstaat möchte es nur
allzu gerne schröpfen, köpfen!
Im Handumdrehen, so wird es
von ihm restlos entleert!

Um dass, das Sparschweinchen
sich des Lebens nicht mehr erholt
und auch nicht mehr versucht,
dass es auf die Beine kommt

So möchte Vaterstaat und die
ganze Weltherrschaft
nur noch digitales Geld, dass
das Schweinchen nichts mehr
beiseite schafft!

Digital und immer zu jeder Zeit
Das Konto und Ersparte einsehbar!
Wenn man noch etwas sparen kann,
denn es wird ja immer unwahrscheinlicher!

JUST4FUN

Ich möchte nur noch
JUST4FUN meine Texte schreiben!
Ich möchte gar nicht mehr versuchen
damit meinen Unterhalt zu bestreiten!

Der Weg war lang und die vergebene
Mühe sie war groß!
So erkenne ich am Ende unter Strich,
bleibt weniger noch, als nichts!

Der große Traum vom Autor sein,
vom Autorenleben leben wollen -
Traum und Realität doch beide,
an einem Tisch sich treffen sollen!

Gebe ich denn wirklich schweren Herzens
auf und lass es dabei beruhen!?
Oder kenne ich mich und sage mir;
"Nächstes Jahr werde ich es wieder versuchen"!

JUST4FUN ist jedenfalls
mein neues Prinzip, kein Konzept!
Texte nur noch ironisch schreiben,
werden dann ins Regal gesteckt!

Atlantis

Eingetaucht in meine Träume
So geht meine Reise fern in
weite Zeit
Hinter meinen verschlossenen
Augen, da fliege ich fort so
unerreichbar weit!

Nach einer langen Sternenreise,
ist es ganz still und so leise
Fern von allen Menschen Zweifel
So tauche ich tief, noch tiefer
unter all den Wellen ein!

So geheimnisvoll, überwältigend
und so atemberaubend nehme ich die
Strukturen wahr, unbeschreiblich
so herrlich dieser Ort
War ich ihm doch schon so oft,
in all meinen Träumen nah!

Verborgene Schätze, aber keine
goldenen Gegenstände!
Sondern was die Zeit dort so
vergräbt!
Wortlos, stillschweigend, sie
festhält bis zu allem Ende!

Nacht um Nacht, so kehre ich
immer wieder her
Hinter verschlossenen Augen,
tauche ich tief und tiefer hinab
ins weitoffene geheimnisvolle Meer!

Kein Mensch findet jemals diesen
Platz!
Niemand kann mir folgen hinter
meinen verschlossenen Augen zu
meinem tiefverborgenen Schatz!

Da ist Freiheit, da ist Ruhe!
So atemberaubend tief verborgen
Atlantis - Atlantis, es kommt der
Tag da bleibe ich und erwache
in deinem Morgen!

Sonne und Sterne

Tag und Nacht, sie sich
nie berühren
Sonne und Mond
einander nicht spüren

So glauben es
zumindest all die
Menschen weit und breit

Fern, ist die Sonne
der Sterne weit
Weil für diese, das Licht
des Mondes scheint

Doch die Sonne und
die Sterne und der Mond,
gar auch die Wolken sind
einander doch gemein

Denn sie teilen sich
tagtäglich in allen Stunden
um die Uhr den Tag, sind nicht
getrennt und nicht allein

Schlusswort

Negatives entsteht oft beim
Gedankenmachen - Wünsche, Träume und
Realität + Erfahrungen treffen dabei
stetig aufeinander und sind verstrickt.

Vielleicht auch stehen sie einem
großen Konflikt. Zudem noch in diesem Fall
bei mir - die Depressionen!
Stark negative, traurige vom Kummer
getragene Gefühlslage!

Schnell entstehen Vergleiche und
Ergebnisse bereits bestehender Dinge,
welche in Vollendung in der
Öffentlichkeit präsentiert werden!

Bei mir kommen Gedanken und
Gefühle wie;
"DAS SCHAFFST DU NOCH NIE"!
"SCHWIERIG UND UNMÖGLICH"!
Aber es sind nicht meine Gedanken!
Es sind lediglich Aussagen und Meinungen,
Augenblicke und Momente anderer Menschen
die mir dies aus früherer Zeit zusprachen!

Weil sie es mir vielleicht nicht gegönnt
haben, vielleicht weil sie sich es
für SICH nicht vorstellen konnten, dass
ICH aber, meinen Weg gehen werde, so
wie ich ihn bestreiten wollte und
will!

Ich meine klar, Unterstützung und
Zuspruch wäre positiv prägend gewesen
für einen "gesunden Weg"!
Aber stattdessen wurde immer alles
zerredet! Ich wurde belächelt und
ermahnt! Seit Schultagen schon!

Es fällt mir schwer mit negativen
eingeredeten Sätzen zu leben, zu
streiten, einen Konflikt auszutragen,
denn die Worte haben als Kind, messerscharf
und einhämmernd gesessen!

Immer wieder und wieder reflektiere ich
dies, leider begründe ich immer und
immer wieder alles in und mit der
Vergangenheit!
Beruhigt und bestätigt, doch es hindert
am Fortschritt zur Realisierung meines Ziels!

2022 -
muss ich mich wieder neu definieren!
Mich einer Neufindung unterziehen!
Ablauf und Struktur erarbeiten,
auf, dass ich mich dann verlassen kann,
wenn alle Not wieder losbricht!

OUTRO: UNVERSTANDEN!

Zeit für Veränderung,
Zeit am Ziel endlich anzukommen!

Christian Hofmann,
Winterweihnachtszeit 2021

Winterweihnacht

Das Jahr neigt sich dem Ende zu
Meine Gedanken leg' ich zur Ruh'
Es rieselt draußen leis' die
Weihnachtszeit
Das neue Jahr ist nicht mehr weit

Im Wintertau liegt Land und Wies'
Im Winterzauber Träume sprieß'n
Schnee und Frost bedeckt
Ast und Mauerreih'n
So hell erleuchtet und geschmückt,
wohin man schaut -
Ja dies muss die Winterweihnacht
sein

Durch dieses weite Wunderland,
reisen Eltern mit Kindern bei der Hand
Die Kleinen sind ganz außer Haus
Der Dezember mit Schoko-Kalender,
Christkind und Geschenken und dem
Nikolaus

Advent, Advent
Am Adventskranz brennen
der Lichter vier
Das Neujahr näherst sich mit
sanften Schritten, bald
ist es hier

So wünsche ich allen Menschen
dieser Welt, frohe Weihnacht und
ein gutes, gesegnetes neues Jahr!
Ich wünsche allen dass, Träume
und Wünsche werden wahr!

Buch verfasst in der Zeit
vom 23.Oktober bis 20.Dezember
des Jahres 2021, Christian Hofmann